Peter Thiesen
Sehen, fühlen, schmecken – die Welt entdecken

W0052750

Peter Thiesen, Dipl. Sozialpädagoge, Oberstudienrat an der Fachschule für Sozialpädagogik in Lübeck. Er ist Autor und Herausgeber von zahlreichen Standardwerken zur Spiel-, Sozial- und Schulpädagogik.

Peter Thiesen

Sehen, fühlen, schmecken – die Welt entdecken

200 Wahrnehmungsspiele für
Kindergarten, Hort und Grundschule

Bei Fragen und Anregungen wenden Sie sich bitte an unsere Berater:
Marketing, 14328 Berlin, Cornelsen Service Center,
Servicetelefon 030 / 89 785 89 29

Weitere Informationen finden Sie im Internet unter:
www.cornelsen.de/fruehe-kindheit

Bibliografische Information: Die Deutsche Bibliothek verzeichnet diese Publika-
tion in der Deutschen Nationalbibliografie; detaillierte bibliografische Daten sind
im Internet über http://dnb.ddb.de abrufbar.

1. Auflage 2011
© 2011 Cornelsen Verlag Scriptor GmbH & Co. KG, Berlin

Lektorat: Ingrid Samel, Schriesheim
Herstellung: Uwe Pahnke, Berlin
Satz: Markus Schmitz, Büro für typographische Dienstleistungen, Altenberge
Druck und Bindung: fgb · freiburger graphische betriebe, Freiburg
Umschlaggestaltung: Claudia Adam Graphik-Design, Darmstadt
Titelfotografie: fotolia.com, Berlin
Illustrationen: Barbara Hömberg, Hamburg

Printed in Germany

ISBN 978-3-589-24721-9

Inhaltsverzeichnis

Vorwort 7

Grundlagen 9

Antennen für die Umwelt – Sinnesorgane als
Grundlagen der Wahrnehmung 9

Sehen: Aus den Augen, aus dem Sinn? 11

Hören: Auf tauben Ohren sitzen oder das Gras
wachsen hören? 13

Riechen und Schmecken: Jemandem etwas unter die
Nase reiben und jeder nach seinem Geschmack? 15

Fühlen, Tasten und Bewegen: Aus der Haut fahren
und die Muskeln spielen lassen? 18

Nachrichtennetz zur Regelung von Beziehungen –
Wahrnehmung als Prozess 22

Kontrast, Schwellen, Konstanz und andere
Phänomene – Gesetzmäßigkeiten der Wahrnehmung 24

Kettenreaktion mit Rückkoppelungseffekt –
Persönliche und soziale Faktoren der Wahrnehmung 25

Wie kommen Wahrnehmungsfehler zustande?
Die Subjektivität unserer Wahrnehmung 27

Optische Täuschungen 28

Wenn die Sinne nicht harmonisch zusammenspielen –
Wahrnehmungsstörungen 33

Die Vorstellungswelt kontinuierlich verbessern –
Wahrnehmung und Entwicklung 37

Hinweise zur Handhabung der Spielesammlung 40

Spiegelbilder, Gesichtsausdrücke, Wiesenerlebnisse,
unglaubliche Gebilde und Schatzsuche –
Spiele zur visuellen Wahrnehmung   43

Töne sichtbar machen, Musik aus dem Küchenschrank,
Wasserklänge, Nervensäge und Ballon mit Ohren –
Spiele zur auditiven Wahrnehmung   90

Geruchsgalerie, City-Riechtour und großer Schmecktest –
Spiele um den Geruchs- und Geschmackssinn   121

Tasttheke, Fühlparcours, Muskelspiele und fallende Blätter –
Spiele zur taktilen und kinästhetischen Wahrnehmung . . .   130

Spielmittel und Medien zur Wahrnehmungsförderung   182

Literatur   187

Spieleverzeichnis   189

Vorwort

Um sich mit ihrer Lebenswirklichkeit auseinandersetzen zu können, müssen Kinder in der Lage sein, aufmerksam wahrzunehmen. Nur so gewinnen sie Informationen, die ihnen helfen, sich in ihrer Umwelt zu orientieren und angemessen zu verhalten. Defizite in der Wahrnehmung beeinflussen nachhaltig das Fühlen, Denken und Handeln des Kindes.

In unserer von audiovisuellen Medien beherrschten Zeit drohen die Sinne und das Wahrnehmungsvermögen der Kinder immer mehr zu verarmen. Die Sinne der Haut, der Koordination und des Gleichgewichtes, die das Körpergefühl wesentlich mitbestimmen, sind durch ständige Unterforderung geschwächt. Vor allem Großstadtkinder erleben die Welt häufig durch die Scheibe: die Fensterscheibe, das Schaufenster, die Mattscheiben von Fernseher und PC-Bildschirm und durch die Autoscheiben. Sie erleben und erfahren, ohne selbst genügend handeln zu können.

Wahrnehmungsstörungen sind in Kindergärten und Grundschulen zu einem zentralen Thema geworden. Verstärkt fallen uns dort Kinder auf mit mangelnder Körperwahrnehmung, unkoordinierten Bewegungen, Lese-, Rechtschreib- und Rechenschwächen, die sich in Frustration, Aggression und extremer Lautstärke äußern. Zudem führen Dauerberieselungen über Fernsehen, Computerspiele, MP3-Player bis hin zum „Spielzeug" Handy bei vielen Kindern dazu, dass sie weniger aggressive Reize nicht mehr entsprechend wahrnehmen.

Wir können Kindern zu einer differenzierten Wahrnehmung verhelfen, indem wir ihnen genügend Reize und Möglichkeiten zum selbstständigen Sammeln von Erfahrungen anbieten. Im Kindesalter vollzieht sich die Wahrnehmung der Umwelt vor allem in der Form des Spiels. Wahrnehmungsspiele sind geeignete Mittel, die Wahrnehmungsleistungen, das kognitive Lernen, die Handlungskompetenz zu steigern und das Aktivsein von Kindern zu stärken.

Neben einer kleinen Einführung in die Grundlagen und Fragestellungen der Wahrnehmung bietet dieses Buch 200 Wahrneh-

mungsspiele, Körperübungen und psychomotorische Bewegungs-
angebote. Sie stärken die Aufmerksamkeit, das Gedächtnis und das
Vorstellungsvermögen des Kindes. Die Spielangebote orientieren
sich an den Prinzipien Anschauung, Aktivität, Lebensnähe, Differenzierung, die kindgemäßes Lernen und Verhalten entscheidend
positiv beeinflussen.

Durch den Einsatz gezielter Spielangebote in Kindergarten,
Grundschule und Elternhaus können wir Kinder motivieren, ihre
geistigen Handlungen und psychomotorischen Aktivitäten kontinuierlich zu erweitern und auszubauen.

Peter Thiesen

Grundlagen

Antennen für die Umwelt — Sinnesorgane als Grundlagen der Wahrnehmung

Um sich in der Umwelt zurechtzufinden und um gesund zu bleiben, benötigen wir unsere Sinne. Seit undenklichen Zeiten werden dem Menschen fünf Sinne zuerkannt: Seh-, Gehör-, Geschmacks-, Geruchssinn und Hautsinne. Dies ist schon ein erstes, einfaches Organisationsmerkmal für die Wahrnehmung. Ebenso gut kommt man auf mehr als dreimal so viele Sinne, wenn man sie noch weiter spezifiziert.

Die nötige Übereinstimmung zwischen Körperinnerem und der Umwelt ist durch ein System möglich, das die Umweltveränderungen registriert und die Informationen an die Organe weitergibt, die die Körperfunktionen steuern. Die für die Wahrnehmung spezifischen Zellen nennt man *Rezeptoren.* Obwohl einige von ihnen in der Lage sind, sogar kleinste Erregungen wahrzunehmen, scheinen wir Menschen uns nicht in so vielen Sinneswelten zu empfinden. Unsere Sinnesorgane sind begrenzt leistungsfähig und nehmen nur einen Teil von dem auf, was in der Realität tatsächlich existiert. Dennoch sind sie in ihrer Anlage außerordentlich kompliziert und sehr empfindlich. Sie sind die „Empfangsantennen", mit denen wir die Außenwelt zu uns hereinholen, mit denen wir die Reize, die in der Außenwelt entstehen, wahrnehmen können. Sie bilden die Grundlage für unsere Beziehung zur Umwelt. Reize können auch Energien aus dem Körperinneren sein, die auf unsere Sinnesorgane einwirken. Sie lösen eine bestimmte *Empfindung* aus, was wiederum von der Reizstärke und von der Art des Sinnesorganes abhängt.

Wir können unsere Sinnesorgane durch willkürliche Lenkung der Aufmerksamkeit bewusst einsetzen. Man kann sich bewusst darauf einstellen, etwas hören oder sehen, riechen oder schmecken zu wollen. Ebenso können die Sinne unbewusst reagieren, wenn sie unerwartet ein Reiz trifft.

Bei Konzentration auf einen bestimmten Punkt, etwa beim Nachdenken über ein schwieriges Problem, können wir ein Sinnesorgan oder mehrere „abschalten". Wir nehmen dann nichts mehr wahr, obwohl der Reiz unser Sinnesorgan weiterhin mit der bisherigen Intensität trifft. Die Einstellung auf ein bestimmtes Erlebnis kann so den Wahrnehmungsakt merklich beeinflussen.

Im Laufe unseres Lebens lernen wir, unsere Sinnesorgane immer sicherer zu gebrauchen, indem wir sie z. B. miteinander in Beziehung setzen und die Ergebnisse bewusster verarbeiten. Wir nehmen Regen sowohl mit dem Gehör als auch mit dem Auge wahr. Das typische Geräusch der fallenden Regentropfen ist noch nicht ganz eindeutig, wird aber richtig gedeutet, wenn wir die eigenartige Lichtverfärbung mit dem Auge aufnehmen, die durch die Wolkenbildung entsteht. Hier sind also zwei Sinnesorgane bei der Wahrnehmung derselben Erscheinung beteiligt. Schalten wir eines oder mehrere Sinnesorgane aus, wird die Wahrnehmung sofort unsicherer. Beim spielerischen Geräuscheraten mit Kindern können wir diesen Vorgang bewusst erleben. Die Deutung wird erschwert, weil wir normalerweise Geräusche mit Wahrnehmungserlebnissen des Auges kombinieren.

Im Gegensatz zum Neugeborenen, dessen Welt eine reine Wahrnehmungswelt ist, verfügen wir als Erwachsene neben einer „Wahrnehmungswelt des Augenblicks" auch über die Möglichkeit des *Gedächtnisses* und des *Wissens*. In unserer Erinnerung ist der Duft der Gartenrose ebenso „gespeichert" wie das Motorgeräusch eines Lastwagens. Und mithilfe von Fernsehen und Büchern können wir uns in Welten versetzen, die wir niemals direkt wahrnehmen werden.

Auf den nächsten Seiten gehen wir etwas näher auf die Bedeutung, Funktion und Wirkung unserer verschiedenen Sinnesorgane ein.

Sehen: Aus den Augen, aus dem Sinn?

Die Augen sind unser wichtigstes Sinnesorgan. Über 75 Prozent von dem, was wir von unserer Umwelt wahrnehmen, verdanken wir unseren Augen. Bereits einfache Dinge des täglichen Lebens wie das Einschenken eines Getränkes in ein Glas oder das Lesen lassen sich ohne Gesichtssinn nur mit viel Übung oder speziellen Hilfsmitteln (wie der Blindenschrift) bewältigen. Unser Auge reagiert auf *elektromagnetische Wellen* und ist der wohl „weitreichendste" menschliche Sinn. Unzählige Informationen und Eindrücke werden ständig in Form von Licht von unseren beiden Augen eingefangen. Die Lichtstrahlen dringen von außen in das Auge ein und fallen durch die Pupille auf die Linse. Die gewölbte Augenvorderseite und die Linse stellen das Bild scharf und werfen es auf die lichtempfindliche Netzhaut. Dort werden die Strahlen in elektrische Impulse umgewandelt und per *Nervenleitung* zum Gehirn gekabelt. Auf der Netzhaut liegen etwa 125 Millionen hoch lichtempfindliche Zellen, die Stäbchen, und etwa sieben Millionen Zellen, die man Zapfen nennt. Während die Stäbchen auf Helligkeit ansprechen, nehmen die Zapfen die Farbe des Lichtes wahr. Die Stäbchen sitzen vorwiegend an den Seiten der Netzhaut, die Zäpfchen meist im Zentrum. Mediziner beschreiben das menschliche Auge als so empfindlich, dass es unter optimalen Bedingungen zehn Millionen verschiedene Farbtöne unterscheiden kann. Im Sehzentrum unseres Gehirns werden alle *Nervensignale* zu Bildern umgesetzt oder, besser gesagt, „gesehen". Somit dienen die Augen als Kamera und das Gehirn fungiert als Bildschirm, der stets „on line" geschaltet ist.

Vom Aufbau her ist jedes Auge eine Kugel, die mit einer durchsichtigen, geleeartigen Substanz gefüllt ist. Vorn liegt eine transparente Hülle, die Hornhaut. Der farbige Teil des Auges, die blaue oder braune Regenbogenhaut bzw. Iris, regelt als verstellbare Blende den Lichteinfall, der in den Augapfel eindringt. Sechs in der Augenhöhle befestigte Muskeln bewegen das Auge in alle Richtungen.

Um mehr oder weniger Licht ins Auge zu lassen, verändern die Pupillen ihre Größe von zwei bis auf acht Millimeter. Um diesen Vorgang Kindern zu demonstrieren, halten sie sich vor einem Spiegel die Augen zu. Schauen sie nach einer Weile in den Spiegel, werden sie beobachten, wie die zuerst weite Pupille jetzt schnell enger wird.

Von der lichtempfindlichen Netzhaut auf der Augenrückseite läuft der Sehnerv zum Gehirn. Und da das Scharfsehen ebenfalls durch die Veränderung von *Muskelspannungen* zustande kommt, benötigt ein neugeborenes Kind einige Monate täglichen Trainings, bevor es zu sehen lernt, wo sich die Dinge im Raum befinden. Erst ganz allmählich verbessert sich die Sehfähigkeit. Ein Baby kann mit etwa einem Monat als erste Farbe Rot wahrnehmen, mit etwa vier Monaten Blau, Gelb und Grün unterscheiden, auch wenn es erst als Kleinkind wissen wird, dass rot „rot" heißt.

Kleinkinder müssen Gegenstände mit ausgestreckten Armen halten, um sie deutlich zu erkennen. Erst nach mehreren Monaten sind die Augen so koordiniert, dass sie sich gemeinsam bewegen. In der Regel wird die Sehfähigkeit bis zum achten Lebensjahr immer besser.

Unsere Augen können einen Winkel von etwa 200 Grad überblicken. Das ist etwas mehr als ein Halbkreis. Diesen Bereich bezeichnet man als Gesichtsfeld. Räumlich sehen wir in einem Winkel von 140 Grad. In dieser Region überschneiden sich die Gesichtsfelder unseres rechten und linken Auges. Die Tatsache, dass wir zwei Augen haben, bringt mehrere Vorteile. Zum einen ein größeres *Gesichtsfeld,* zum anderen sehen die etwa sechs Zentimeter auseinanderstehenden Augen Gegenstände aus unterschiedlichen Winkeln. Unser Gehirn lässt aus diesen Eindrücken ein räumliches Bild entstehen. Schließlich hilft die Fähigkeit zum räumlichen Sehen beim Abschätzen von Entfernungen (z. B. eines sich nähernden Autos im Straßenverkehr).

Die Kinder können zusammen mit der Pädagogin den Unterschied zwischen einäugigem und räumlichem Sehen ausprobieren, indem sie sich eine Zeit lang nur mit einem offenen Auge verschiedenen Bewegungssituationen aussetzen. Sind die Bewegungen mit nur einem geöffneten Auge schon eine ungewohnte Erfahrung, so wird durch gänzliches Ausschalten des Gesichtssinnes, also durch das Schließen beider Augen, ein völlig neuer Erfahrungsbereich geschaffen.

Hören: Auf tauben Ohren sitzen oder das Gras wachsen hören?

Unser Ohr gilt als das komplizierteste Sinnesorgan. Es ist noch differenzierter aufgebaut als das Auge. Die besondere Kompliziertheit liegt in seiner *Schalldruckmechanik*.

Alles was wir hören, den Klang eines Klaviers, das Quaken von Fröschen, aber auch den Lärm eines Düsenflugzeugs oder das Donnergrollen bei einem Gewitter, sind Geräusche oder *Schallwellen*, die von einer *Schallquelle* ausgehen und die Luft zum Schwingen bringen. Hören ist demnach das Wahrnehmen von Schall. Treffen solche Wellen auf das Außenohr, werden sie durch den Gehörgang zum Trommelfell geleitet, das nun zu schwingen beginnt. Diese Schwingung wird von den Knochen des Mittelohrs verstärkt. Im Innenohr wandeln sich die Schallwellen in *elektrische Nervensignale* um, die zum Gehirn „gesendet" gesichtet und interpretiert oder einfach „gehört" werden. Das Hören dient uns nicht nur zur Orientierung, es ist auch das Hauptmittel unserer mitmenschlichen Kommunikation, die wir als verbale Kommunikation von Ausrufen bis zur Dichtung, als nonverbale Kommunikation von Signalgeräuschen (z. B. einer Klingel) bis zur Musik erleben.

Mit zwei Ohren können wir hören, aus welcher Richtung ein Geräusch kommt. Erreicht es uns beispielsweise von links, so nimmt das linke Ohr es etwas früher und lauter wahr als das rechte. Kindern bereitet es immer besonderes Vergnügen, mit geschlossenen bzw. verbundenen Augen herauszufinden, aus welcher Richtung ein Geräusch (z. B. das Ticken eines Weckers) kommt.

Das menschliche Ohr reagiert allerdings nur auf einen schmalen Ausschnitt aus dem Bereich der Schallquellen, und zwar auf Wellen zwischen 16 bis 20.000 Schwingungen in der Sekunde. Die Anzahl der Schwingungen pro Sekunde ergibt die Höhe der Töne, d. h., die Einheit für eine Schwingung pro Sekunde lautet 1 Hertz (1 Hz). Während andere Lebewesen wie Delfine, Fledermäuse und Hunde zum Teil weit in den Ultraschallbereich hinein wahrnehmen können, sind die genannten 20.000 Hertz die oberste Grenze unseres Gehörs. Kann ein siebenjähriges Kind noch Töne dieses Frequenzbereiches wahrnehmen, so hört ein Dreißigjähriger nur noch bis zu 15.000 Hertz. In höherem Alter sinkt dann die Wahrnehmungsfähigkeit noch weiter, z. T. bis unter 5.000 Hertz.

Unser Gehör kann zwischen hohen und tiefen Tönen (Tonhöhe) und lauten und leisen Geräuschen (Lautstärke) unterscheiden. Unsere Ohren leisten Präzisionsarbeit. Sie reagieren aber äußerst sensibel, wenn sie starkem Dauerlärm ausgesetzt werden, z. B. durch Dauerberieselung von lautstarker Musik aus dem Walkman oder durch extremen Verkehrslärm und Arbeitsgeräusche. Wir nehmen Lautstärken von 10 bis 140 Dezibel wahr. Zehn Dezibel ist so leise wie ein Flüstern. Beim Sprechen beträgt die Lautstärke unserer Stimme 50 bis 70 Dezibel. Die Schmerzgrenze liegt etwa bei 120 Dezibel. Alles, was darüber hinausgeht, kann das Ohr nachhaltig schädigen.

Hohe Töne erscheinen uns schärfer, härter, spitzer und schneidender, während tiefere Töne schwerer, voller, weicher, wärmer und verschwommener wirken. Diese Vielzahl von Merkmalen macht es etwas verständlicher, wie es uns gelingen kann, Hunderte von Menschen allein an ihrer Stimme zu erkennen.
Dass schon einzelne Töne Unterschiede in Stärke und Höhe aufweisen, erfahren wir durch das Musikerlebnis. Das jeweilige Instrument verändert durch Obertöne und Klangansätze die Tonqualitäten.

Seit langem ist bekannt, dass ein Baby bereits vor der Geburt hören kann. Etwa ab der zwölften Woche sind die Ohren schon teilweise vorhanden. Nach sechs Monaten kann es die Herztöne der Mutter hören und es nimmt sogar Geräusche aus der äußeren Umgebung wahr. Ruhige Musik beruhigt einen beweglichen Fötus, während erregende Musik, wie z. B. ein Popkonzert, zu heftigen Stößen in der Gebärmutter fuhren kann. Das Kind hat gelernt, mit Geräuschen zu leben, und wenn es auf der Welt ist, scheint sein Gehör ein hochempfindliches Sinnesorgan zu sein. Und zwar so empfindlich, dass die Ohren auch zum Gleichgewicht beitragen. Im Innenohr befindet sich das Gleichgewichtsorgan, das bei jeder Bewegung einen Impuls ans Gehirn auslöst. Auf- und Ab-, Vor- und Zurückbewegungen werden ebenso wahrgenommen wie Bewegungen nach rechts und links. So wissen wir auch mit geschlossenen Augen, in welcher Lage sich unser Körper befindet.

Riechen und Schmecken: Jemandem etwas unter die Nase reiben und jeder nach seinem Geschmack?

Geruch und Geschmack gehören zusammen. Vieles von dem, was wir schmecken, nehmen wir in Wirklichkeit mit der Nase wahr. In den ersten Lebensjahren sind Gerüche für das Kind von besonderer Bedeutung. So ist z. B. die enge Verbindung mit einem Kuscheltier oder einer „Schnuckeldecke" teilweise durch den vertrauten Geruch zu erklären. Kinder wollen deshalb auch nicht, dass diese Gegenstände gewaschen werden. Auch der leckere Duft eines Kuchens oder guten Essens lässt uns das Wasser im Mund zusammenlaufen. Er hat eine Signalfunktion, durch die Speichel und Magensaft verstärkt produziert werden. Wir riechen beim Essen mit und

umgekehrt steigen Geschmacksreize gleichzeitig vom Rachenraum auf.

Unsere Nase, durch die wir riechen und atmen, ist in der Lage, etwa 4.000 Düfte zu unterscheiden. Parfümhersteller und Weinprüfer sollen bis zu 10.000 Duftnuancen erkennen können. Dies erscheint unglaublich, zumal unser Geruchssinn nicht so gut entwickelt ist wie bei den meisten Tieren. In erster Linie ist der Geruchssinn ein *Warn- und Locksinn.* Er prüft die Atemluft auf Gefahren, warnt uns vor Rauch und schädlichen Gasen und informiert uns, ob Speisen

oder Getränke verdorben sind. In der Sexualität spielt der Geruchssinn ebenfalls eine wichtige Rolle: Spezielle vom Körper verströmte Duftstoffe steigern die Erregung.

Nicht alle Gerüche werden von uns als gleich angenehm oder unangenehm empfunden. Während Knoblauchduft von manchen geliebt wird, können ihn andere nicht ausstehen. Im Laufe eines Lebens ändern sich auch die Vorlieben für bestimmte Gerüche. Kinder schätzen z. B. Düfte, die süß und fruchtig riechen. In der Pubertät werden schwerere Düfte wie Sandelholz und Moschus interessant.

Wie funktioniert das Riechen eigentlich? Im Dach jeder Nasenhöhle sind die *Riechspalten* mit einer *Riechschleimhaut* ausgekleidet. Sie bildet einen gelblich braunen, briefmarkengroßen Gewebeabschnitt, das *Riechfeld,* in unserer Nase. Darin befinden sich Millionen geruchsempfindlicher Sinneszellen. Erregt ein *Riechstoff* die *Riechhärchen* der Sinneszellen, wird der Geruchsreiz zu den *Riechkolben* und von dort über den *Riechstrang* zum *Riechhirn* weitergeleitet. Sind wir erkältet, verteidigen sich die Nasenschleimhäute mit großen Schleimmengen gegen die Erkältungsviren. Deshalb ist die Nase verstopft und die Geruchsstoffe in der Luft erreichen die Riechschleimhaut nicht. Das Essen schmeckt nicht mehr richtig. Es hat kein Aroma.

Mit den Kindern machen wir einen kleinen Test, um dieses Phänomen, das jeder kennt, einmal ohne Katarr zu erleben: Auch bei zugehaltener Nase und geschlossenen bzw. verbundenen Augen werden sie einen geriebenen Apfel geschmacklich nicht von einer geriebenen Kartoffel unterscheiden können.

Ein Apfel kann auch wie eine Zwiebel riechen, wenn man den Geschmackssinn reizt und damit den Geruchssinn irritiert. Für dieses Experiment fragen wir ein Kind, ob es die Nahrung allein am Geschmack erkennen kann. Es wird dieses sicherlich bejahen. Man verbindet ihm die Augen, hält ihm ein Stück Zwiebel unter die Nase und legt ihm ein Stück Apfel auf die Zunge. Es wird kaum sagen können, was es gegessen hat. Das Experiment macht deutlich, wie stark der Geschmackssinn vom Geruchssinn beeinflusst wird.

Das Zusammenspiel von Riechen und Schmecken beruht auf der nachbarschaftlichen Lage von Geruchs- und Geschmackssinn. Über die Rachenhöhle sind der Mund (Geschmacksempfindung) und die Nase (Geruchsorgan) miteinander verbunden. Beim Kauen und Schlucken gelangen so gasförmige Aromastoffe vom Rachen in die Nasenhöhle. Gut „belüftet" schmeckt das Essen deshalb besser. Die Hauptorgane für den Geschmack sind in sogenannten *Papillenregionen* mit drei bis 150 Geschmacksknospen konzentriert. Die Geschmacksknospen liegen auf der Zunge. Es sind kleine Zellhäufchen, mit denen wir vier verschiedene Geschmacksrichtungen wahrnehmen: süß, sauer, salzig und bitter. Jeder dieser vier Geschmacksrichtungen können wir auf der Zungenoberfläche bestimmte Bereiche zuordnen. Die Zungenspitze nimmt Süßes wahr. Dahinter liegen auf beiden Seiten die Geschmacksknospen für Salziges. An den Seiten im hinteren Drittel der Zunge und am Gaumen sind die Knospen für sauer und ganz hinten vor dem Zungenhintergrund wird der bittere Geschmack wahrgenommen. Wollen wir etwas genau schmecken, müssen wir es deshalb über die ganze Zunge gleiten lassen.

Fühlen, Tasten und Bewegen: Aus der Haut fahren und die Muskeln spielen lassen?

Es gibt wohl keinen Stoff, der sowohl weich, elastisch und dehnbar, aber auch zugleich straff, reiß- und druckfest und auch noch wasserdicht ist. Die Natur hat dieses einmalige Material geschaffen: unsere Haut. Mit einer Gesamtoberfläche von 1,6 bis 2 Quadratmetern ist sie unser größtes Organ und beträgt etwa ein Sechstel des Körpergewichtes. Die menschliche Haut besteht aus drei Schichten: Oberhaut *(Epidermis)*, Lederhaut *(Corium)* und Unterhaut *(Subcutis)*. Als Grenzfläche zwischen unserem Organismus und der Umwelt schützt sie unseren Körper vor Schädigungen von außen und reguliert gleichzeitig die Beziehungen des Organismus zur Umwelt sowie die Beziehungen der Umwelt zu unserem Organismus. Als Sinnesorgan dient unsere Haut als Warnanlage des Körpers. Sie registriert Wärme, Kälte, Druck, Berührungen, Vibrationen, Juckreiz, Rauheit und Schmerz. Als Schutzorgan verhindert sie das Eindringen von Schmutz, Giften und Krankheitserregern und schützt vor den ultravioletten Strahlen der Sonne. Die auf Wärme, Kälte, Druck, Rauheit und Schmerz reagierenden Tastzellen der Haut sind über sensorische Nerven mit dem Rückenmark und dem Gehirn verbunden. Sie senden ununterbrochen Signale über den Zustand der Umgebung und über das, was sich auf der Haut abspielt. So ist unser Körper in der Lage, auf komplexe Reize zu reagieren. Die Berührungsorgane *(Tastzellen)* sind nicht nur unterschiedlich über den Körper verteilt, sondern reagieren auch verschieden. Um eine Berührungswahrnehmung zu erzeugen, benötigt man auf der Nase viel weniger Druck als auf dem Handrücken und dem Unterarm. Die Tastzellen für die einzelnen Empfindungen liegen in unterschiedlichen Schichten der Haut. Leichter Druck und Kälte werden dicht unter der Oberfläche wahrgenommen, die Zellen für Wärme und stärkeren Druck liegen tiefer.

Unser Tastsinn gibt Auskunft über Form und Beschaffenheit eines Gegenstandes, den unsere Haut berührt. Er reagiert auf mechanische Reizung und wird durch kleinste Verformungen der Oberhaut ausgelöst. Außer auf mechanischen Druck von außen reagiert der Tastsinn vor allem auf Spannungsänderungen im Gewebe. Für unsere Bewegung ist dies von großer Bedeutung, weil Änderungen der Hautspannung über unseren Gelenken uns Auskunft über die jeweilige Lage eines Körperteils geben und auf diese Weise die Koordination einzelner Bewegungen ermöglicht wird.

Die Rezeptoren für den Tastsinn sind am reichlichsten in den Fingerkuppen und in den Fußsohlen vorhanden. Besonders an den Fußsohlen machen sich die Druckempfindungen für die Bewegung günstig bemerkbar, da hierdurch beim Stehen, Gehen und Laufen die Möglichkeit von *Lagekorrekturen* besteht. Bereits das Neugeborene ist für Berührung empfindlich. Es reagiert schon bei vorsichtiger Berührung mit Reflexbewegungen. Wie wichtig der Tastsinn für ein Baby ist, erkennt man daran, dass sein Mund von Anfang an eine besondere Rolle als Tastorgan spielt. Mit seinem Mund nimmt es zum ersten Mal etwas von außen in sich auf. Das Kind hat so den intensivsten Kontakt zur Außenwelt, zu den Menschen wie zu den Gegenständen. Etwas später lernt das Baby mithilfe seines Tastsinnes die Eigenschaften verschiedener Materialien kennen. Ob rund, eckig, rau, glatt, spitz, uneben: Alles erfährt es durch Betasten der Dinge. Dabei benutzt es ebenso die berührungsempfindlichen Lippen und die Zunge wie seine Hände.

Die *Sinnesrezeptoren* in der Haut reagieren auch auf Temperaturveränderungen. Wie Temperatur empfunden wird, hängt deshalb besonders davon ab, woran man gewöhnt ist. Tauchen wir z. B. eine Minute lang die linke Hand in heißes und die rechte in kaltes Wasser und halten dann beide in lauwarmes Wasser, so fühlt es sich für die linke Hand kalt und für die rechte warm an. Die *Temperaturrezeptoren* geben z. B. auch Schmerzsignale ab, wenn wir etwas als zu heiß oder zu kalt empfinden. Der Schmerz als Warnsignal veranlasst uns, die Gefahrenquelle zu meiden.

Für Tasterlebnisse ist die gleichzeitige Sehwahrnehmung wichtig, da normalerweise beide Wahrnehmungsfelder zusammenarbeiten. Von besonderer Bedeutung sind Tasterlebnisse durch ihre emotionale Funktion. Streicheln und Gestreicheltwerden sind Ausdruck für sozialen Kontakt und liebevolle Zuwendung bis hin zur sexuellen Stimulation.

Der Tastsinn ist eine Hilfe zur Orientierung in der körperlichen Umwelt und wird überall dort wirksam, wo es auf hohe Geschicklichkeit unserer Körperbewegungen, besonders der Hand- und Fingerbewegungen, ankommt.

Neben unseren äußeren Sinnen, wie z. B. der Hautwahrnehmung, durch die wir *sensorische „Außenkontakte"* aufnehmen, hat unser Körper auch die Möglichkeit, seinen eigenen Zustand wahrzunehmen. Neben dem Gleichgewichtsorgan im Mittelohrbereich ist der sogenannte Bewegungs- oder Muskelsinn (kinästhetisches System) von besonderer Bedeutung. Er gibt uns über Raum-, Zeit- und Spannungsverhältnisse des Körpers Auskunft. Eine der wesentlichsten Ausdrucksformen unseres Lebens ist die Fähigkeit zur Bewegung. Jede Eigenbewegung unseres Körpers besteht aus Muskelfasern, die sich zusammenziehen, sich in der Längsrichtung ihrer Fasern verkürzen können und dabei eine Gegenkraft überwinden. Zwei „*Körpersysteme*" stehen uns zur Verfügung: Es sind die Lagerezeptoren im Innenohr, mit denen wir die geringsten Veränderungen des Körpers registrieren und regulieren können, und es sind die Muskelrezeptoren, die uns ununterbrochen Informationen über Körperbewegungen, den Spannungsgrad der Muskulatur und das aufgewendete Kraftmaß übermitteln. Dieses Zusammenspiel der Rezeptoren und Systeme wird auch als „*kinästhe-*

tische Differenzierungsfähigkeit" beschrieben. Sie korrespondiert mit allen Wahrnehmungen. Besonders enge Verknüpfungen bestehen mit dem Tastsinn. Berührungen, Druck- und Tasterlebnisse geben Informationen, die den Muskel- und Bewegungssinn aktivieren. Für das Kleinstkind bedeutet zunehmende Körperbeherrschung zum einen die Steuerung des Abwechselns zwischen links und rechts und zum anderen die zunehmende Beherrschung des Körpergleichgewichts. So ist das Stehen und Gehen eine wichtige Wahrnehmungsaufgabe, zumal jede Stellung einer Rückmeldung bedarf, um die Kette der Bewegungen notfalls zu verändern. Es werden lokale (z. B. Augenstellung), segmentale (z. B. Kopf- und Halsstellung) und allgemeine Reaktionen (z. B. während des Laufens oder Hüpfens) unterschieden. Links und rechts, vorn und hinten, oben und unten werden als *„Koordinaten"* ständig von den Gleichgewichtsorganen überprüft. Was geschieht, wenn eine oder mehrere Informationen über die Körperlage nicht in Ordnung sind, wird im Zustand der Trunkenheit deutlich. Bei Betrunkenen funktioniert die Lagewahrnehmung, d. h. die zentrale Verarbeitung, nicht, sodass sich ihre Umgebung zu bewegen scheint. Zu den schwierigsten Aufgaben der Körperwahrnehmung gehört die Ermittlung von Richtungsänderungen ohne optische Kontrolle. Wer sich je schon einmal im Wald verlaufen hat, wird höchstwahrscheinlich seinen „Linksdrall" bemerkt haben.

Bewegungen gehören für das Kind zu den wichtigsten Wahrnehmungen und Erfahrungen. Durch sie kann es seine geistigen Handlungen und motorischen Aktivitäten ständig erweitern und aufbauen. Der Schweizer Psychologe Jean Piaget sah in der Bewegung und Wahrnehmung den Anfang aller Denkprozesse. Gezielt eingesetzte Spielangebote können dem Kind helfen, seine Bewegungen zu verbessern, zu kontrollieren und zu steuern, und helfen nicht zuletzt, körperliche und seelische Spannungen abzureagieren.

Nachrichtennetz zur Regelung von Beziehungen — Wahrnehmung als Prozess

Ohne Wahrnehmung wäre unser menschliches Leben überhaupt nicht möglich. Um der Realität begegnen und sich mit ihr auseinandersetzen zu können, müssen wir in der Lage sein, wahrzunehmen. Wahrnehmung ist die Art, wie unser Gehirn die von den Sinnesorganen kommenden Informationen über die Umwelt interpretiert. Ob es sich nun um eine Wahrnehmung aufgrund willkürlicher oder unwillkürlicher Aufmerksamkeitszuwendung handelt, in jedem Fall verläuft die Wahrnehmung in verschiedenen Phasen. Sie ist *kein augenblicklicher Akt* wie etwa das Festhalten eines Bildes durch die Fotokamera, *sondern* ein wenn auch unvorstellbar schnell ablaufender *Prozess*.

Die Verarbeitung von Reizen aus der Umwelt und dem Körperinneren findet im Nervensystem statt. Es besteht aus vielen Milliarden Nervenzellen, die elektrische Signale durch den Körper tragen, und hat zwei Hauptteile:

- Das *Zentralnervensystem (ZNS)*, zu dem das Gehirn und das Rückenmark gehören. Es verbindet, schaltet, koordiniert und integriert alle ankommenden Informationen und die darauf folgenden Reaktionen.
- Das *periphere Nervensystem (PNS)* umfasst alle vom Zentralnervensystem ausgehenden Nervenbahnen. Es nimmt die Reize auf und leitet sie weiter zum ZNS.

Das Nervensystem ist ein Nachrichtennetz mit der Aufgabe, dass alle Körperteile reibungslos zusammenarbeiten.

Das Rückenmark erstreckt sich von der Unterseite des Gehirns bis in den unteren Rücken. Es ist ein Strang aus Nervengewebe und wirkt wie eine Schaltstation, die das Gehirn mit anderen Nerven im Körper — vom Hals bis zu den Zehen — verbindet. Vom Gehirn zu den Muskeln und Sinnesorganen im Kopf verlaufen 24 große sogenannte *Hirnnerven* Sie versorgen unter anderem Augen, Ohren und Nase. Weitere 62 sogenannte *Spinalnerven* gehen paarweise vom

Rückenmark aus und erstrecken sich in weiten Verästelungen in die übrigen Körperteile.

In der Psychologie wird das periphere Nervensystem in das *somatische bzw. animalische* und in das *vegetative bzw. autonome System* aufgeteilt. Während das somatische System der Regelung von Beziehungen des Organismus zur Außenwelt dient, steuert das vegetative Nervensystem die inneren Lebensfunktionen wie Atmung, Verdauung, Stoffwechsel und Drüsenfunktion.

Von den unzähligen Informationen, die jede Sekunde auf uns einwirken, gelangen nur die wichtigen Informationen bis in höhere Zentren der *Hirnrinde* und werden dort zu bewussten Wahrnehmungen.

Schematisch vereinfacht, lässt sich unser Nervensystem etwa so darstellen:

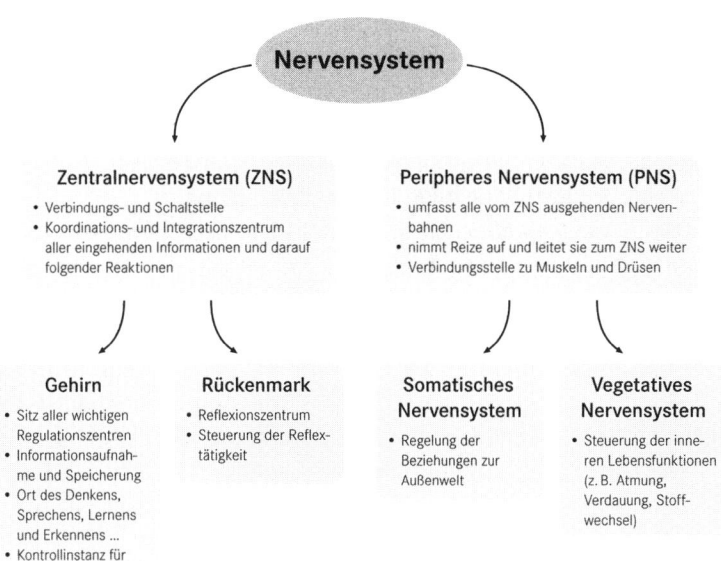

Kontrast, Schwellen, Konstanz und andere Phänomene — Gesetzmäßigkeiten der Wahrnehmung

Unsere Wahrnehmung wird nach bestimmten Gesetzen strukturiert und durch sogenannte *Konstanzphänomene* verbessert. Die Wahrnehmungspsychologie kennt eine Reihe von *Gesetzmäßigkeiten*. Grundprinzip dabei ist, dass mithilfe der Wahrnehmung Sinn und Ordnung in die Umweltreize gebracht werden. Die bekanntesten Gesetzmäßigkeiten sind Kontrast, Figur und Grund, Schwellen, Prägnanz, Assimilation und Konstanz.

Das *Kontrastphänomen* besagt, dass Helligkeits- und Farbwerte nicht absolut sind, sondern sich in der Wahrnehmung nach äußeren Bedingungen ändern. Beim Fernsehempfang wird z. B. empfohlen, für eine zusätzliche Beleuchtung zu sorgen, um das Kontrastphänomen abzumildern.

Mit *Figur und Grund* versucht man, die unendliche Zahl der Umweltreize zu beschreiben. Kein Mensch kann auf alles achten. Deshalb trifft er durch bewusste und unbewusste Heraushebung eine Auswahl. Der Rest verschwindet als Hintergrund.

Das *Schwellenphänomen* macht deutlich, dass es für uns Menschen sogenannte Wahrnehmungsschwellen nach oben und unten gibt. So können Hunde wesentlich höhere Töne wahrnehmen als der Mensch. Es gibt auch Unterschiedsschwellen. Zünden wir z. B. zu einer brennenden Kerze eine zweite an, so sieht man den Helligkeitsunterschied. Stellen wir jedoch zu zehn brennenden eine elfte Kerze hinzu, werden wir keinen Unterschied feststellen.

Prägnanz beschreibt die Tendenz, Gegenstände, Personen und Tiere auch in einer verwirrenden Vielfalt zu entdecken und zu bedeutungs- und sinnvollen Gestalten zu ordnen und zu vervollständigen.

Die *Assimilation* benennt die Fähigkeit der menschlichen Wahrnehmung, Helligkeitsunterschiede auszugleichen. Jeder Fotograf weiß, wie schwer diese mit der Kamera zu meistern sind.

Wahrnehmungskonstanzen verbessern die Wahrnehmung. Sie sind die Bezeichnung für das Phänomen, dass trotz ständig sich ändernder Reizverhältnisse bzw. Gegebenheiten eine gleich bleibende, unveränderte Wahrnehmung stattfindet.

Die Wahrnehmungskonstanzen entwickeln sich bei uns erst im Laufe der Zeit. Sie sind notwendig, um in die unzähligen Informationen, denen wir täglich ausgesetzt sind, eine gewisse Ordnung zu bringen. Am bekanntesten sind:

- *Größenkonstanz:* Trotz unterschiedlicher Entfernung werden Personen und Gegenstände als gleich groß wahrgenommen.
- *Formkonstanz:* Personen und Gegenstände nehmen wir trotz unterschiedlicher Perspektive in ihrer Form als gleich wahr.
- *Farb- bzw. Helligkeitskonstanz:* Trotz unterschiedlicher Beleuchtung werden Personen und Gegenstände in ihrer Form als gleich wahrgenommen.

Mit der These „Das Ganze ist mehr als die Summe seiner Teile" kennzeichnet die Gestaltpsychologie den sogenannten *Gestalteindruck* als Eigenleistung des Wahrnehmenden. Gemeint ist damit, dass wir gar nicht anders können, als Gestalten zu sehen, und dass einzelne Reize grundsätzlich in einen Gesamtzusammenhang eingebettet sind. Schauen wir uns z. B. die geometrischen Täuschungen in diesem Buch an, so wird diese Tatsache augenfällig belegt.

Kettenreaktion mit Rückkoppelungseffekt — Persönliche und soziale Faktoren der Wahrnehmung

Wenn schon unsere Wahrnehmung von Gegenständen kein bloßes Abbilden der objektiv gegebenen physikalischen Reize darstellt und durch *optische* Täuschungen genarrt werden kann, um wie viel komplizierter wird dann erst die Wahrnehmung zwischenmenschlicher Beziehungen und der sozialen Umwelt.

Die Wahrnehmung wird immer von *individuellen und sozialen Faktoren* beeinflusst und bestimmt. Diese Faktoren können verändern, verzerren und verfälschen, was sich in der Wahrnehmung von anderen Personen auswirkt. Soziale Wahrnehmung ist stets auch ein Prozess gegenseitiger Beeinflussung. Der erste Eindruck von einer anderen Person bleibt nicht ohne Auswirkung auf mein Verhalten dieser Person gegenüber, aufgrund dessen sich diese wiederum selbst einen ersten Eindruck von mir bildet. Es kommt also zu einer Art Kettenreaktion mit Rückkoppelungseffekt. So kann die anfängliche Fehleinschätzung eines anderen Menschen zu einem dauernden Fehlurteil mit den daraus resultierenden Verhaltensweisen führen und die Beziehung der beiden zueinander gestört bleiben.

Unsere Wahrnehmung hängt von verschiedenen persönlichen Faktoren ab, z. B. von *Bedürfnissen, Trieben, Motiven, Gefühlen, Stimmungen, Einstellungen, bisherigen Erfahrungen, Interessen und Wertvorstellungen.* Mit der Wahrnehmung werden Einstellungen und Werturteile verknüpft, d. h., wir fügen den aus der Umwelt erhaltenen Wahrnehmungen selbst noch etwas hinzu. Im Laufe unserer Entwicklung sammeln wir Erfahrungen und speichern sie im Gedächtnis. Sobald Gegenstände oder Personen in der Umwelt beobachtet werden, wird auf dieses Datenmaterial zurückgegriffen und daraus die unmittelbare Wahrnehmung ergänzt. Dabei kommen wir nicht selten zu verzerrten oder auch falschen Urteilen, trotz der subjektiven Gewissheit, dass das, was wir meinen, „wahr" sei. Wir verlassen uns nicht nur auf unsere eigenen Vorausinformationen, sondern übernehmen die Urteile anderer und sehen Dinge und Personen wie diese. Somit ist unsere Wahrnehmung auch abhängig von den Einflüssen durch andere Personen.

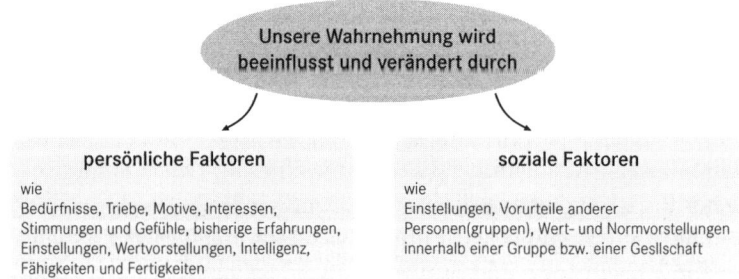

Unsere Wahrnehmung wird beeinflusst und verändert durch

persönliche Faktoren
wie
Bedürfnisse, Triebe, Motive, Interessen, Stimmungen und Gefühle, bisherige Erfahrungen, Einstellungen, Wertvorstellungen, Intelligenz, Fähigkeiten und Fertigkeiten

soziale Faktoren
wie
Einstellungen, Vorurteile anderer Personen(gruppen), Wert- und Normvorstellungen innerhalb einer Gruppe bzw. einer Gesllschaft

In dem Augenblick, in dem sich ein Mensch in einer Gruppe befindet, passt sich seine Wahrnehmung dem Einfluss der Gruppe an. Soziale Einflüsse wie Wert- und Normvorstellungen innerhalb der Gruppe bedingen die Wahrnehmung des Einzelnen entscheidend mit und lösen entsprechende Erwartungen aus.

Nicht selten ist unsere soziale Wahrnehmung ein Kompromiss zwischen dem, was wir wahrzunehmen erwarten, und dem, was wir faktisch in der Umwelt vorfinden.

Wie kommen Wahrnehmungsfehler zustande? Die Subjektivität unserer Wahrnehmung

Unsere Sinne geben die Welt nicht haargenau wieder. Aufgrund zahlreicher Experimente weiß man, dass das Ergebnis der Wahrnehmung nur teilweise der tatsächlich existierenden Wirklichkeit entspricht. Jede Wahrnehmung ist in den Gesamtzustand unseres Erlebens eingebettet. Deshalb kann sie abgewandelt werden, einmal von den Gestalten der Außenwelt, zu denen das einzelne Wahrnehmungsobjekt gehört, zum anderen aber auch von den Gefühlen, Einstellungen und persönlichen Besonderheiten des einzelnen Menschen. Die Wirklichkeit bietet sich uns deshalb nicht „objektiv" dar, sondern nur im individuellen (also subjektiven) Erlebnis dessen, der sie wahrnimmt.

Wir werden durch *Wahrnehmungsschwellen* eingeengt und durch *Differenzierungsschwellen* unzureichend orientiert sowie durch eine Reihe von Wahrnehmungstäuschungen genarrt. Dennoch zeigt sich die Welt uns so, wie wir sie zur Anpassung und Bewältigung benötigen.

Unsere Wahrnehmung wird zum einen durch die Beschaffenheit unserer Sinnesorgane eingeschränkt, zum anderen durch bestimmte Wahrnehmungsgesetze strukturiert, von anderen Wahrnehmungen mitgestaltet sowie von individuellen und sozialen Faktoren beeinflusst und verändert.

Die Verzerrung und Verfälschung der Wirklichkeit aufgrund der Subjektivität der Wahrnehmung führt zu Wahrnehmungsfehlern, die insbesondere in der Wahrnehmung von Personen und Gruppen bedeutende Auswirkungen nach sich ziehen können, z. B. in Form von Ablehnung und Vorurteilen.

Neben Wahrnehmungstäuschungen gibt es auch eine sogenannte *Wahrnehmungsabwehr*, d. h., wenn Wahrnehmungsgegenstände auf Ablehnung oder Desinteresse beim Wahrnehmenden stoßen, ergibt sich eine längere Auffassungszeit und eine höhere Fehlerquote für das richtige Erkennen der Gegenstände. Andere Wahrnehmungsfaktoren begünstigen Veränderungen. Angst, aber auch Erregung können in gewissen Grenzen Wahrnehmung und Lernen verbessern, indem sie die *Wahrnehmungsbereitschaft* und das *Aufmerksamkeitsniveau* erhöhen.

Optische Täuschungen

Die von uns erfasste Welt ist das Endergebnis, nicht die Ursache unserer Wahrnehmung. Menschen, die Gleiches sehen, nehmen nicht immer auch Gleiches wahr. Selbst der Wert bzw. Unwert von Zeugenaussagen wird durch eine Vielzahl optischer Täuschungen immer wieder deutlich.

Optische Täuschungen sind Bilder, die vom Auge falsch gesehen und seltsam interpretiert werden. Sie sind Fehlleistungen, die durch das Zusammenspiel von Augen und Gehirn entstehen. Unser Gehirn muss Tausende von Signalen, die von den Augen kommen, ordnen und ihnen einen Sinn geben. Hierfür vergleicht es die Signale mit dem, was es aus Erfahrung bereits über die (Um-)Welt weiß. Damit die neue Information zu den bekannten Erfahrungen passt, verändert es unter Umständen das Bild, sodass wir es anders wahrnehmen, als es wirklich ist. Die Wissenschaft hat sich lange mit optischen Täuschungen beschäftigt. Es wurde erkannt, dass ein *Gestaltprinzip* wirksam wird, was so viel bedeutet, dass wir bei der Wahrnehmung nie Einzelteile für sich feststellen, beobachten und wahrnehmen, sondern immer nur das Ganze – und die Einzelheit in das Ganze eingebettet – wahrnehmen. Deshalb bekommt dieselbe Einzelheit von der Umgebung her ein anderes Gesicht in der Wahrnehmung, als sie es isoliert haben würde.

Aus der Vielzahl optischer Täuschungen wollen wir einige Beispiele herausgreifen (siehe auch Spielvorschläge im Praxisteil).

Die wohl berühmteste Umkehrung von Figur und Hintergrund wurde von dem dänischen Psychologen Edgar Rubin entwickelt. Es handelt sich um eine *ambige* Figur, die man als zwei einander zugewandte Gesichter interpretieren kann oder als Vase bzw. Kelch, der durch den Zwischenraum zwischen den Profilen entsteht.

Rubins Vase

Man bezeichnet eine Figur dann als „ambig" (oder als „Kippfigur"), wenn sie als zwei oder mehr verschiedene Bilder gedeutet werden kann.

Sehr bekannt und fast in jedem Psychologiebuch zu finden ist auch das Bild der jungen/alten Frau des amerikanischen Psychologen E. G. Boring. Es ist so konzipiert, dass es uns zwingt, abwech-

Borings junge/alte Frau

selnd zwei scharf voneinander abgegrenzte Gesichter wahrzunehmen. Was sehen Sie zuerst, eine hübsche, junge Frau oder eine eher hässliche Alte? Können Sie beide Bilder erkennen? Und zwar gleichzeitig?

Ähnliche Umkehrungen zwischen Figur und Hintergrund finden bei dem Eskimo-Indianer statt. Bei der Betrachtung von Bildern dieser Art neigen wir meist zu einer optischen Einseitigkeit, die meist in Zusammenhang mit der Betonung einer Hand oder Körperseite steht. Rechtshänder und „Rechtsseher" werden vorwiegend erst den Indianer sehen, während Linkshänder und „Linksseher" meist zuerst den Eskimo erkennen.

Eskimo-Indianer

Eine klassische ambige Figur ist die umkehrbare Treppe des deutschen Mathematikers Ernst Schröder. Auf den ersten Blick führt sie völlig normal nach oben. Fixiert man sie länger, kehrt sie sich plötzlich um und scheint auf dem Kopf zu stehen.

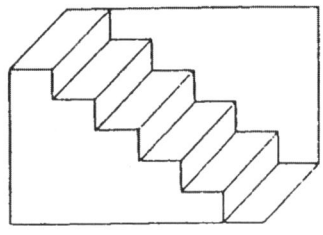

Schröders Treppe

Zu den geläufigsten optischen Täuschungen gehören jene, die auf Verzerrungen beruhen, die von Linien und Winkeln hervorgerufen werden.

Eine häufig in Kinderbüchern anzutreffende Täuschung ist die Zylindertäuschung. Es scheint, als wäre der Zylinder höher als breit, obwohl er eindeutig dieselbe Höhe wie Breite aufweist.

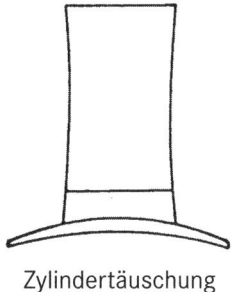

Zylindertäuschung

Bei der „Streckentäuschung" des deutschen Psychiaters Franz Müller-Lyer erscheint die von den nach innen zeigenden Pfeilspitzen gegrenzte Linie länger als die mit den nach außen weisenden Pfeilen.

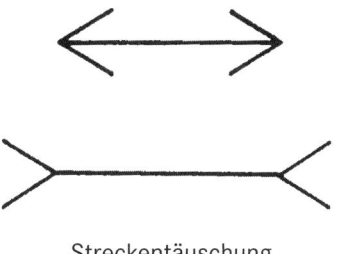

Streckentäuschung

Die nach dem deutschen Psychologen Ewald Hering benannte Täuschung lässt die waagrechten Parallelen gekrümmt erscheinen, was in Wirklichkeit nicht stimmt.

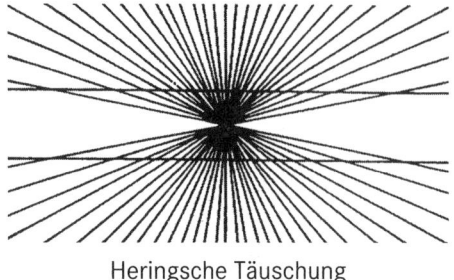

Heringsche Täuschung

Eine durch Linien und Winkel hervorgerufene Verzerrung ist die bekannte „Parallelentäuschung" von Johann K. F. Zöllner. Er beobachtete die Täuschung erstmals bei einem Stoffmuster. Dem Betrachter kommt es vor, als würden die vertikalen Linien in der Richtung zusammenlaufen, in der die Schrägstriche auseinanderlaufen, und umgekehrt.

Zöllner-Illusion

Es scheint auch Konturen zu geben, wo keine sind.

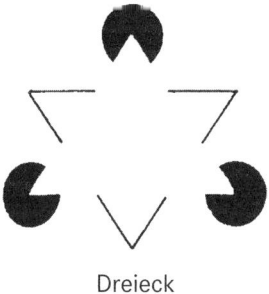

Dreieck

Verzerrungstäuschungen werden nicht nur von geraden Linien und Winkeln hervorgerufen, sondern auch von Kreisen und Spiralen.

Mit den Kindern experimentieren wir: Wenn sie z. B. die beistehende Spirale fotokopieren oder durchpausen, sie auf den Teller eines Plattenspielers legen und diesen gegen den Uhrzeigersinn drehen, so dehnt sich die Spirale scheinbar aus; wird der Plattenteller im Uhrzeigersinn gedreht, zieht sie sich scheinbar zusammen.

Spirale

Weitere Spielanregungen finden Sie im Praxisteil.

Wenn die Sinne nicht harmonisch zusammenspielen — Wahrnehmungsstörungen

Die Wahrnehmung und ihre vielfältigen Störungsbilder sind für Pädagoginnen und Pädagogen in den letzten Jahren zu einem zentralen Thema geworden. Von Wahrnehmungsstörungen wird gesprochen, wenn die Wahrnehmungsfähigkeit eines Menschen eingeschränkt ist. Diese Störungen können *kurzfristig* auftreten (z. B. durch Drogeneinfluss) *oder ein Leben lang* vorhanden sein, wie z. B. beim Blindgeborenen aufgrund einer Schädigung eines bestimmten Bereiches der Hirnrinde. Wahrnehmungsstörungen bestehen

auch, wenn Sinnesorgane nur bedingt oder gar nicht funktionie-
ren. Dies ist z. B. der Fall bei Kurz- oder Weitsichtigkeit, Fehlstel-
lungen der Augen, Farbenblindheit, Blindheit, Schwerhörigkeit
oder Taubheit. Ein wahrnehmungsbehinderter Mensch ist meist
auch ein isolierter, einsamer Mensch.

Je früher eine Sehschwäche erkannt wird, um so größer ist die
Chance, die Störung zu beheben oder doch erheblich zu verbessern. Und um so weniger besteht die Gefahr, dass sich die
geistige Entwicklung des Kindes verzögert.

Während das Schielen anhand der typischen Schiefstellung
der Augen meist von Eltern selbst entdeckt wird, fällt ein leich-
tes Schielen oft kaum auf. Eine mögliche Sehschwäche wird die
Pädagogin im Kindergarten oder in der Grundschule vermuten,
wenn ein Kind oft blinzelt, seine Augen chronisch gerötet sind,
es die Augen zusammenkneift, um in die Ferne zu sehen, Gegenstände sehr nahe an die Augen bringt, um sie zu betrachten,
und/oder oft danebengreift, wenn es etwas anfassen will.

Schon beim Verdacht einer Sehschwäche sollte Eltern geraten werden, einen Facharzt – also hier den Augenarzt – aufzu-
suchen. Das gilt auch für den Verdacht auf Hörschäden. Reagiert ein Kind nur verzögert auf ganz normale Geräusche, etwa
auf Musik und Singen, auf den Lärm aus dem Nachbarzimmer,
auf das Türenschlagen u. a. m., so wird die Pädagogin ihre Beobachtungen an die Eltern weitergeben, damit diese sich um-
gehend mit dem Kinderarzt und mit dem Hals-Nasen-Ohren-
Arzt in Verbindung setzen. Auch wenn heute Eltern bei der
Geburt ihres Kindes bereits in der Klinik das gelbe „Untersu-
chungsheft für Kinder" für Untersuchungen (vom 3. Lebenstag
bis zum Ende des Kindergartenalters) überreicht wird, nehmen
oftmals randständige Familien dieses Angebot zur Früherken-
nung von Krankheiten und Entwicklungsstörungen nicht entsprechend wahr.

Wahrnehmungsstörungen können auch trotz intakten Funktionierens der Sinnesorgane bestehen. Bei der *Agnosie* z. B. kann der Betreffende bereits bekannte Personen und Gegenstände nicht wiedererkennen. Auch *Halluzinationen,* bei denen ein Reiz wahrgenommen wird, obwohl er in der Wirklichkeit gar nicht existiert, können Ergebnisse einer gestörten Wahrnehmung sein. „*Trugwahrnehmungen*" bzw. „*Falschwahrnehmungen*" dieser Art, bei der Betroffene jedoch von der Realität überzeugt sind, kommen in allen Sinnesbereichen vor.

Oft werden auch Lese-, Rechtschreib- und Rechenschwäche als Wahrnehmungsstörung angesehen. Die amerikanische Psychologin Jean Ayres fand heraus, dass Lernstörungen häufig ihre Ursachen in Bewegungs- und Wahrnehmungsstörungen haben. Kinder, bei denen das Gehirn Mühe hat, die normal arbeitenden Nerven und Muskeln in Einklang zu bringen, fallen unter anderem durch unkoordinierte Bewegungen auf, wirken steif und ungelenk, oft auch plump und schwerfällig. Sie können ihre Kraft nicht richtig dosieren, sind unruhig, zappelig und unfähig, sich längere Zeit mit einer Sache zu beschäftigen. Nicht selten ist auch das Schlafbedürfnis wahrnehmungsgestörter Kinder stark eingeschränkt. Eine Folge von unausgeprägter Körperwahrnehmung sind Schwierigkeiten im Nachvollziehen von Positionen wie vorn, hinten, rechts und links. Älteren Kindern gelingt es häufig nicht, eine zeitliche Zuordnung von gestern, heute oder morgen vorzunehmen. Kinderzeichnungen können uns Aufschluss darüber geben, ob das Körperschema eines Kindes nicht stabil ist. Meist fehlen bei Männchenzeichnungen wichtige Details wie Augen, Arme, Hände, Füße oder Haare. Ein fünf oder sechs Jahre altes Kind, das solche Erkenntnismerkmale aufweist, zeigt, dass es keine innere Vorstellung davon hat, wie sein Körper zusammengesetzt ist. Es nimmt seine einzelnen Körperteile nur unzureichend wahr. Die Entwicklung des Körperschemas hängt unweigerlich mit einer gesunden Ausprägung der Sinne und mit ausreichender Möglichkeit körperlicher Bewegung zusammen.

Wahrnehmungsstörungen wirken sich stets auf die *Gesamtpersönlichkeit* eines Kindes aus und beeinflussen sein Fühlen, Denken und Handeln, was häufig zu Missverständnissen zwischen diesen Kindern und ihren Spielkameraden, aber auch zu Irritationen bei Eltern und Pädagogen in Kindergarten und Grundschule führt.

Erst ein harmonisches Zusammenspiel der verschiedenen Sinnesbereiche bewirkt die stabile Persönlichkeit und umfassende Intelligenz eines Kindes. Deshalb muss Wahrnehmung mit allen Sinnen angebahnt und immer wieder geübt werden. Bewegung und Erfahrung gehören unmittelbar zusammen. *Das Spielbedürfnis des Kindes ist eine gute Voraussetzung für therapeutische Ansätze.* Zielgerichtet eingesetzte Spielangebote – vom Schaukeln, Rutschen, Matschen bis zu den Spielvorschlägen dieses Buches – orientieren sich an dem, was das jeweilige Kind für seine Entwicklung benötigt.

Wie Wahrnehmungsstörungen entstehen, ist auch heute noch nicht endgültig geklärt. *Mögliche Ursachen können sein:* Erbfaktoren (genetisch bedingte Besonderheiten), Schäden an Sinnesorganen, Schädigungen von Hirnzentren vor oder während der Geburt, ungünstige Umweltbedingungen (z. B. länger andauernder Reizentzug), mangelnde Raum- und Körpererfahrung, verminderte Intelligenz, körperliche Anomalien und Defekte.

Um Kinder erfolgreich therapieren zu können, bedarf es einer sorgfältigen Diagnose durch Fachleute wie Ärzte für Kinderpsychiatrie und speziell geschulte Kinderpsychologen. Drei bekannte Therapiemöglichkeiten sind z. B. Krankengymnastik, psychomotorisches Training und Ergotherapie (Beschäftigungstherapie). Die *Krankengymnastik* behandelt vorrangig grobmotorische Auffälligkeiten bei Säuglingen und Kleinkindern. Einen ganzheitlichen Ansatz verfolgt die *Psychomotorik.* Durch entsprechende Spiel- und Sportangebote versucht sie, alle Körperbewegungen und Sinnessysteme einzubeziehen. Ziel der *Ergotherapie,* die sich vorrangig mit Kindern im Vor- und Grundschulalter beschäftigt, ist das Erlan-

gen einer besseren Selbstorganisation. Durch kindgerechte, spielerische Angebote werden in individuellen Behandlungen Einzel-
funktionen und Handlungsabläufe erarbeitet.

Für alle Therapien gilt der Grundsatz: *Je früher eine Störung
erkannt wird, desto größer sind die Chancen für einen Behand-
lungserfolg.* Pädagoginnen und Pädagogen in Kindergarten und
Grundschule können durch ihre Beobachtungen, Gespräche
mit Eltern und natürlich durch eine intensive spielerische Wahrnehmungsförderung maßgeblich die gesunde Entwicklung von
Kindern unterstützen.

Die Vorstellungswelt kontinuierlich verbessern — Wahrnehmung und Entwicklung

Das menschliche Wahrnehmungssystem erfährt im Lauf der Entwicklung eine *fortschreitende Spezifizierung.* Während Säuglinge
und Kleinkinder ihre entscheidenden Umwelterfahrungen durch
taktile und motorische Wahrnehmungen machen, die sie dann mit
visuellen und akustischen Eindrücken verbinden, tritt die Bedeutung der taktil-motorischen Wahrnehmungen immer mehr durch
Sehen und Hören zurück.

Wie abstrakt die Wahrnehmung eines Neugeborenen ist, können wir gut anhand seiner Reaktionen auf Sprachlaute beobachten.
Es ist für jegliche Sprachen und Laute empfänglich und aufge-
schlossen. Allmählich stellt sich ein Kind jedoch auf die Lautbilder
derjenigen Sprachgemeinschaft ein, in der es lebt. Nach und nach
verliert es die Fähigkeit, auf jede beliebige Sprache zu reagieren.
Die Begründung dafür ist, dass es die Laute und Lautketten der
Sprache, die es jeden Tag hört, zunehmend besser differenzieren
kann. So wandelt sich eine allgemeine Kapazität zunehmend zu-
gunsten einer fortschreitenden Spezifizierung. Das gilt sowohl für

die Seh- und Hörschärfe als auch für die Unterscheidung von Helligkeiten und Tonhöhen. Diese *Leistungssteigerungen* sind vorwiegend als eine Folge entsprechender Erfahrungen und damit von Lernprozessen zu verstehen.

Der mit steigendem Alter zunehmende Einfluss der Wahrnehmung auf den Wahrnehmungsvorgang wird besonders deutlich bei der Auffassung von Inhalten und Gegenständen, die in umgekehrter räumlicher Lage dargestellt sind. Kleinkinder betrachten z. B. oft Bilderbücher oder Abbildungen, die auf dem Kopf stehen, ohne sich daran zu stören, obwohl sie durchaus die richtige Stellung der Objekte zueinander kennen. Für die Verbesserung der Wahrnehmungskonstanz, insbesondere der Konstanzen von Größen, Dingen, Formen, Farben und Helligkeit, spielt die zunehmende Erfahrung schließlich auch eine entscheidende Rolle. Sie ermöglicht dem Kind eine relativ gleich bleibende Wahrnehmung der Objekte bei sich verändernden Reizbedingungen, wie z. B. wechselnder Helligkeit oder unterschiedlicher Entfernung.

Im Schulkindalter führen die wesentlichen Verbesserungen im Bereich der visuellen Wahrnehmung dazu, dass das Kind die Umwelt zunehmend *differenzierter* und *realitätsbezogener* aufnimmt. Die Verbesserung der Wahrnehmungsleistungen wird mitbedingt durch eine wachsende Ausdauer und stärker fixierende Aufmerksamkeitszuwendung, durch eine kritischere Einstellung Dingen gegenüber sowie mehr Planmäßigkeit und Sorgfalt beim Erfassen von Vorgängen. In Verbindung mit den bereits gemachten Erfahrungen und Fortschritten führen diese Faktoren im Bereich der visuellen Wahrnehmung zum stark *analysierenden Vorgehen beim Wahrnehmungsakt* durch das Schulkind.

Bei einem noch nicht sechs Jahre alten Kind können wir erleben, dass es sich in seinem Urteil von dem bestimmen lässt, was es mit seinen Sinnen wahrnimmt. Auf den Tisch stellen wir eine mit Saft gefüllte Flasche, daneben ein Glas, in der sich dieselbe Menge derselben Flüssigkeit befindet. Es scheint so, als sei in der Flasche viel mehr als im Glas. Wenn wir mit angesehen haben, wie der Inhalt aus der Flasche ins Glas gegossen wurde, werden wir akzeptieren, dass beide Mengen identisch sind. Für das Kindergartenkind ist im Glas weniger als in der Flasche. Nach einiger Zeit begeht es diesen Irrtum nicht mehr. Bereits das Schulkind verlässt sich nach und nach immer weniger auf das, was es sehen kann, wenn es erklären will, was es sieht. Dennoch bestimmt unsere Wahrnehmungswelt nach wie vor die Art und Weise, wie unser Wissen zustande kommt, auch wenn wir uns mit dem Unsichtbaren, dem Nichtwahrnehmbaren auseinandersetzen.

Die fortschreitende *kognitive Entwicklung* des Schulkindes führt zu einer stärker analysierenden Umweltwahrnehmung. Durch genaue Beobachtung gewinnt das Kind die Inhalte seiner Denkprozesse.

Neben der Umweltwahrnehmung ist für uns das *Raum- und Zeiterleben* von starker Bedeutung, und zwar nicht nur im Kindes-, sondern auch noch im Erwachsenenalter, wenn es um räumliche und zeitliche Orientierung geht. Hier greifen Wahrnehmungen, Vorstellungen, Begriffsbildung und schlussfolgerndes Denken eng ineinander, häufig sogar durch emotional und motivational beeinflusste Vorgänge. Was *Raumerleben* heißt, kennen wir vom Fernsehbild her. Es entsteht durch einen modulierten Lichtstrahl auf dem flachen Boden der Bildröhre. Das Bild ist also plan. Dennoch entsteht der Eindruck der Raumtiefe. Wir sehen das Fernsehbild wie eine nach hinten ausgedehnte Höhle in den Fernsehapparat hinein. Der Säugling sammelt seine ersten Raumerfahrungen bereits durch Betasten und Greifen im Nahraum und dann durch Erfahrungen bei der eigenen Fortbewegung im Raum. Raumerleben ist auch das Einschätzen von Entfernungen, Tiefen und Größen.

Die *Zeit* erleben wir in vielschichtiger Weise: als Vergangenheit, Gegenwart und Zukunft. Das Kleinkind lebt zunächst noch ganz in der Gegenwart. Es lernt erst ganz allmählich, zwischen vergangenen, gegenwärtigen und zukünftigen Ereignissen zu unterscheiden. Die Zeit als Wahrnehmungserlebnis ist auch vom Zeitbewusstsein abhängig und wird als Zeiterlebnis individuell unterschiedlich aufgenommen. Kinder und Jugendliche, aber auch aktivere Erwachsene, die konkrete Ziele und Wünsche verfolgen, haben einen verstärkten Zukunftsbezug, während besonders ältere Menschen auf die Vergangenheit ausgerichtet sind. Das Kleinkind hat noch keine Vorstellungen von einem kontinuierlichen zeitlichen Fortschreiten, es erfasst noch nicht, was kürzer oder länger zurückliegt bzw. was schon bald oder später folgen wird. Beim Schulkind führen persönliche Erfahrungen bereits zu einer Differenzierung von Vergangenheit und Zukunft und es lernt zunächst, zwischen näherer und entfernterer Vergangenheit und Zukunft zu unterscheiden.

Eine *pädagogisch gelenkte Förderung* der Umweltwahrnehmung hilft dem Kind, seine Wahrnehmungsleistungen kontinuierlich zu verbessern und seine Vorstellungswelt im Sinne größerer Deutlichkeit, Klarheit und Beständigkeit zu stabilisieren.

Hinweise zur Handhabung der Spielesammlung

Die in dieser Sammlung gezielt zusammengestellten Spielangebote haben sich in der Praxis als unterstützende Hilfen zur Wahrnehmungsförderung in Kindergarten und Grundschule bewährt. Es handelt sich um Angebote zur Einzel- und Gruppenförderung. Sie sind klar in der Aufgabenstellung, einfach in den Handlungsabläufen, beliebig wiederholbar und sprechen alle Wahrnehmungsbereiche im Sinne ganzheitlicher Förderung an. Die Spielauswahl berücksichtigt die im Theorieteil geäußerte Erkenntnis, dass eine gelenkte pädagogische Förderung der Umweltwahrnehmung dem Kind hilft, seine Wahrnehmungsleistungen kontinuierlich zu verbessern und seine Vorstellungswelt zu stabilisieren.

Die Unterteilung der Sammlung in vier überschaubare Spielbereiche möchte Pädagoginnen und Pädagogen wie interessierten Eltern Orientierungshilfe bei der Auswahl und Zusammenstellung ihrer Spiel- und Förderungsmaßnahmen geben. Mit 72 Angeboten

wird den Spielen zur taktilen und kinästhetischen Wahrnehmungsförderung besondere Aufmerksamkeit geschenkt.

Die einzelnen Angebote können nach den Bedürfnissen der Kinder und den Intentionen der Pädagogin zusammengestellt und in
das Tagesprogramm eingebettet werden.

Jedes Spiel ist genau beschrieben, enthält – wo notwendig –
didaktisch-methodische Hinweise sowie Angaben zu Materialien
und Variationen.

Wichtigste Voraussetzung für die Beschäftigung mit Wahrnehmungsspielen ist, dass Kinder Spaß und Freude an ihnen haben.
Die Spielfolgen sollten abwechslungsreich gestaltet sein, indem die
Pädagogin sowohl leise wie laute und ruhige wie bewegte Spiele
anbietet. Neben Wünschen und Bedürfnissen der Kinder sind auch
deren augenblickliche Verfassung und situative wie äußere Um-
stände zu berücksichtigen.

Es liegt in der Hand der Pädagogin, eine Spielatmosphäre zu
erzeugen, in der sich die Kinder wohlfühlen und Spielbereitschaft
entwickeln. Dies geschieht nur dort, wo weder Dressur noch Lern-
stress bestehen. Stets muss die spontane Ausdrucksfähigkeit des
einzelnen Kindes erhalten bleiben.

Wahrnehmungsspiele, kontinuierlich eingesetzt, …
- … sensibilisieren die Sinne fürs Erkennnen, Interpretieren und Beurteilen,
- … helfen, Umwelteindrücke zur verarbeiten,
- … fördern die geistige und seelische Entwicklung,
- … sprechen die sprachliche, gestaltende und körperliche Ausdrucksfähigkeit an,
- … stärken das soziale Anpassungsvermögen,
- … bieten Überraschungen und ermöglichen, Neues, nicht Vorhergesehenes zu finden,
- … kräftigen das Selbstvertrauen und die Eigenständigkeit,
- … ermöglichen die Erfahrung von Lebensfreude durch das Genießen sinnlicher Eindrücke,
- … steigern durch Spaß und freudiges Miteinander das Lebensgefühl.

Diese in der Kindergarten- und Grundschulpraxis erprobten Spiel- und Übungsangebote orientieren sich an den kindlichen Spielbedürfnissen 3- bis 10-Jähriger.

Im Sinn einer ganzheitlichen Wahrnehmungsförderung sind die Spielangebote nach den Lernprinzipien Anschauung, Aktivität, Lebensnähe, Kindgemäßheit, Individualität und Differenzierung zusammengestellt worden.

Jedes Spiel enthält neben der Spielbeschreibung und den entsprechenden didaktisch-methodischen Hinweisen Angaben zum Spielort, zum Alter, zur Spielerzahl, zu Variationsmöglichkeiten und zum Material. Unter dem Stichpunkt „Geförderte Kompetenzen" werden kurze Hinweise zu den angestrebten Zielen und Förderungsabsichten des jeweiligen Spiels gegeben.

Da der Entwicklungsstand von Kind zu Kind unterschiedlich sein kann, enthalten die meisten Spiele nur grobe Altersangaben (Mindestalter).

Die Spieldauer wird von der Lust und den Bedürfnissen der Teilnehmer bestimmt.

Zeichenerklärung:

 Spiele im Haus (Gruppenraum, Zimmer, Turnhalle)

 Spiele im Freien (Kindergartengelände, Schulhof, Spielplatz, Wiese, Park, Wald)

 empfohlene Altersgruppe

 Teilnehmerzahl

Spiegelbilder, Gesichtsausdrücke, Wiesenerlebnisse, unglaubliche Gebilde und Schatzsuche — Spiele zur visuellen Wahrnehmung

Kinder leben heute mehr denn je in einer „Seh-Welt". Unzählige visuelle Reize stürmen auf sie ein und müssen verarbeitet werden. Stundenlanges Fernsehen, Videogucken und Game-Boy-Spiel mit z. T. rasend schnellen Bildfolgen überfordern das einzelne Kind. Die Verinnerlichung gelingt nur, wenn Kindern genügend Zeit gelassen wird, sich mit wahrgenommenen optischen Phänomenen auseinanderzusetzen.

Etwa 75 Prozent von dem, was wir in unserer Umwelt wahrnehmen, verdanken wir unseren Augen. Sie erschließen uns die Welt in all ihren Farben, Formen und Facetten. Anschauung erreichen Kinder nur durch eigene Aktivität. Die Pädagogin kann Anschauungsprozesse durch Impulse steuern („Schaut euch die Blätter der Blume noch genauer an!", „Vergleicht die beiden Vögel in ihrem Aussehen!" usw.). Wichtig ist, dass die Pädagogin weiß, wohin sie die Aufmerksamkeit der Kinder lenken will, und dass sie selbst Unwesentliches von Wesentlichem trennen kann. Die Konkretheit der wahrgenommenen „Bilder" führen das Kind vom Wahrnehmen zum Denken und machen ihm immer wieder neu das Spannungsverhältnis von Anschaulichkeit und Abstraktheit, von Einmaligkeit und Allgemeingültigkeit bewusst.

Wie schwierig es ist, ohne den Gesichtssinn auskommen zu müssen, kann sich jedes Kind vorstellen, das schon einmal in einem dunklen Zimmer nach dem Lichtschalter getastet hat.

Die folgenden Spielangebote machen den Kindern deutlich, dass ihre Augen ganz besondere Fähigkeiten besitzen: Sie nehmen Personen und Gegenstände in ihrer äußeren Gestalt wahr, ermöglichen räumliches Sehen, geben Informationen über die Lage, Form und Bewegung von Gegenständen und können Farben, Größen und Helligkeit unterscheiden.

Übungsziele sind:

- Genaues Beobachten,
- Zunehmende Differenzierungsfähigkeit,
- Anschauung als Wahrnehmung (ein Apfel kann gesehen, aber auch gefühlt, gerochen und geschmeckt werden),
- Anschauung als Vorstellung („innere" Reproduktion wahrgenommener Personen, Gegenstände oder Ereignisse),

- Erhöhung der Aufmerksamkeitshaltung (Konzentrationsförderung),
- Förderung des Reflexionsvermögens und der Interpretationsfähigkeit,
- Verbesserung der Merkfähigkeit,
- Ansprechen von Spiel- und Experimentierfreude.

Was steckt unterm Tuch?

ab 3 Jahren   3–10 Kinder

Material: Gegenstände, Tablett, Tuch
Geförderte Kompetenzen: Beobachtungsfähigkeit, Aufmerksamkeit, Konzentrationsfähigkeit, Merkfähigkeit

Auf einem Tablett liegt eine Anzahl von gemischten Gegenständen (verschiedenartig nach Größe, Form, Zweck usw.) zunächst unter einem Tuch versteckt.

Auf ein Zeichen wird das Tuch entfernt, alle betrachten bei absolutem Schweigen die Dinge ein paar Minuten lang. Dann werden sie wieder zugedeckt. Jetzt muss jedes Kind eine möglichst große Anzahl der Gegenstände nennen, die sich auf dem Tablett befinden.

Variation: Erschwerte Form: Die Gegenstände müssen beschrieben werden. Welche Form, Farbe usw.?

Platzwechsel

		ab 3 Jahren		12–20 Kinder

Material: keines
Geförderte Kompetenzen: Beobachtungsfähigkeit, Merkfähigkeit

Die Kinder sitzen im Stuhlkreis. Ein Kind verlässt den Raum. Zwei Kinder tauschen jetzt ihre Plätze. Das hereingerufene Kind hat nun die Aufgabe, den Platzwechsel zu erraten. Beobachtungsgabe und Merkfähigkeit werden bei diesem Spiel geübt.

Entdeckerspiel

		ab 3 Jahren		5–20 Kinder

Material: keines
Geförderte Kompetenzen: Aufmerksamkeit, erkennen, differenzieren können, Schnelligkeit, Reaktionsvermögen

Die Pädagogin benennt drei Dinge, die unterwegs auf einem Spaziergang entdeckt werden müssen: z.B. einen großen Hund, eine Frau mit Kinderwagen, einen Radfahrer. Wer als Erster einen der Gegenstände sieht, meldet sich sofort. Er darf dann die nächsten drei Objekte nennen, die zu suchen sind.

Spiegelbilder

	ab 4 Jahren		6–10 Kinder

Material: aufstellbare Spiegel, Zeichenpapier, Wachsmalkreiden, Tuschkästen
Geförderte Kompetenzen: Beobachtungsfähigkeit, differenzieren, erkennen und benennen können

Die Kinder beschäftigen sich bei diesem Malspiel mit ihrem Spiegelbild. Sie betrachten ihr Gesicht, ihre Körperproportionen und ihre Kleidung. Der Schwerpunkt liegt im genauen Betrachten und Wiedergeben des Gesichts.

Alle Kinder sitzen an einem langen Tisch, auf dem für jedes Kind ein Spiegel steht und ein Papierbogen bereitliegt. Die Pädagogin lenkt die Aufmerksamkeit der Kinder auf ihre unterschiedliche Haarfarbe, auf die Augen, die Nase und den Mund. Anschließend erhält jedes Kind genügend Wachsstifte. Unter Zuhilfenahme des Spiegels malen sich nun alle. Am Schluss schauen sich Kinder und Pädagogin die Bilder gemeinsam an und versuchen, die typischen Merkmale eines jeden herauszufinden. Die fertigen Bilder können als „Porträtgalerie" für einige Zeit den Gruppen- bzw. Klassenraum schmücken, ehe jedes Kind sein Bild mit nach Hause nimmt.

Variation: Statt eines Porträts malen sich die Kinder ganz. Dafür bilden sich Paare. Jeweils ein Kind legt sich auf einen großen Papierbogen (Makulaturpapier oder Tapetenrolle). Das andere zeichnet die Körperumrisse mit Wachsmalkreide oder einem dicken Filzstift. Die Fläche wird vom abgezeichneten Kind mit Wasserfarben ausgemalt. Am Schluss werden die fertigen Bilder gemeinsam betrachtet und besprochen.

Lückenpantomime

ab 4 Jahren

6–20 Kinder

Material: keines
Geförderte Kompetenzen: Beobachtungsfähigkeit, Konzentrationsfähigkeit, logisches Denken, Zusammenhänge erkennen, benennen können

Dieses Spiel enthält Elemente der Ketten- und Scherzpantomime. Die Spieler werden in Dreier- bis Fünfergruppen aufgeteilt. Die Gruppen denken sich alltägliche Handlungen aus wie Morgentoilette, Essenszubereitung, Aufräumen usw. und spielen sie nach einer kurzen Einübungsphase den anderen vor. Beim Vorspielen wird aber ein wichtiger Teil der Szene ausgelassen, z. B. wird beim Zähneputzen die Zahnpastatube nicht wieder zugeschraubt, beim Anziehen nur ein Schnürsenkel zugebunden ...

Die Szene soll möglichst echt gespielt werden, während die anderen Gruppen genau beobachten und mit nicht mehr als zwei Versuchen zu erraten haben, was gefehlt hat.

Ich sehe was, was du nicht siehst

ab 4 Jahren

2–10 Kinder

Material: siehe Spielverlauf
Geförderte Kompetenzen: Beobachtungsfähigkeit, Reaktionsvermögen, Schnelligkeit

Das wohl bekannteste optische Wahrnehmungsspiel: Ein Kind schaut sich (im Raum) um und wählt einen für alle gut sichtbaren Gegenstand. Dieser hat z. B. eine rote Farbe. Das Kind sagt: „Ich seh etwas, was ihr nicht seht, und das ist rot.“

Alle anderen dürfen sich nun melden und raten. Falls die Aufgabe schwer lösbar ist, dürfen Tipps gegeben werden. Wer sie gelöst hat, darf als Nächster fragen.

Die Hälfte vom Ganzen

Material: 15–30 Ansichtskarten
Geförderte Kompetenzen: Beobachtungsfähigkeit, erkennen und zuordnen können, Wahrnehmungsfähigkeit, Reaktionsvermögen, Schnelligkeit

Je nach Teilnehmerzahl werden 15–30 Ansichtskarten diagonal oder in der Mitte durchgeschnitten. Linke und rechte Kartenhälften werden sorgfältig auf zwei Haufen gelegt. Nun verteilt der Spielleiter die linken Hälften überall im Raum (verstecken!), während die übrigen Mitspieler draußen warten. Sind alle Kartenhälften versteckt, werden die anderen Mitspieler hereingerufen und bekommen die rechte Kartenhälfte. Sie müssen nun die dazugehörende Kartenhälfte suchen. Jeder darf sich eine neue rechte Kartenhälfte holen, wenn er das erste Pärchen vervollständigt hat. Sieger ist, wer zum Schluss die meisten vollständigen Karten besitzt.

Tierpaare

Material: Bildkarten mit einfachen Tiermotiven
Geförderte Kompetenzen: Darstellung, Beobachtungsfähigkeit, erkennen und zuordnen können

Alle Kinder erhalten eine Bildkarte (oder einen Zettel), auf dem ein Tier abgebildet ist. Von jeder Tierart sind zwei Karten im Spiel. Sie werden gut gemischt und verteilt. Jedes „Tier" (z. B. Frosch, Schlange, Adler, Hund, Katze) muss nun sein Gegenstück finden, indem es charakteristische Bewegungen ausführt. Empfehlung: Die Pädagogin erzählt von der Arche Noah. Ein schönes Spiel, bei dem es um freies Bewegen, genaues Beobachten, Erkennen und Zuordnen von Bildmotiv und Bewegungsabläufen geht.

Gesichtsausdrücke

Material: Illustrierte, 2 Bogen Tonpapier, Scheren, Klebstoff
Geförderte Kompetenzen: Empathie, Wahrnehmung, Verbalisierung von
Gefühlen, Differenzierung

Freude und Traurigkeit werden mithilfe von Gestik und Mimik aus-
gedrückt und dadurch erkannt. Warum ist man fröhlich oder traurig?

Die Pädagogin zeigt den Kindern im Sitzkreis nacheinander
verschiedene Bilder von lachenden, weinenden, traurigen Personen. Die Kinder werden gefragt, warum wohl der eine oder andere
traurig oder fröhlich ist. Es wird zu den Begriffen „Freude" und
„Traurigkeit" gelenkt. Die Kinder erzählen, wann sie einmal fröhlich oder traurig waren. Aus einer bereitgelegten Illustrierten
schneidet die Pädagogin ein „trauriges Gesicht" und ein „fröhliches
Gesicht" aus und klebt sie auf einen Bogen Tonpapier. Die Kinder
setzen sich jetzt an einen vorbereiteten Tisch. Sie schneiden aus
Illustrierten Köpfe aus und kleben sie auf zwei aufeinanderliegen-
de Tonpapierbogen. Die Collage wird gemeinsam betrachtet und
besprochen.

Die Kinder lernen Gesichtsausdrücke, in diesem Fall zwei Ex-
treme, wahrzunehmen, zu erkennen und sich darauf einzustellen
(Sensibilisierung). Im Gespräch erfahren sie, dass es nicht nur
glückliche Menschen gibt und wie man ihnen eventuell helfen
kann.

Was wurde weggenommen?

Material: mehrere beliebige Gegenstände
Geförderte Kompetenzen: genaues Beobachten, Merkfähigkeit,
Konzentrationsfähigkeit, Spielfreude

Auf dem Tisch (Fußboden) liegen etwa 8 bis 15 Gegenstände. Alle
Kinder schließen die Augen. Die Pädagogin nimmt einen auffälli-
gen Gegenstand weg. Alle raten, was sie weggenommen hat. Wer
es errät, darf den nächsten Gegenstand verstecken.

Wer ist der Schatten?

Material: Bettlaken, Lampe, Befestigungsmaterial
Geförderte Kompetenzen: Fantasie, darstellen können,
Beobachtungsfähigkeit, Spielfreude

Für dieses Spiel spannen wir ein Bettlaken auf (z. B. straff mit Reißzwecken in einem Türrahmen befestigt). Der Raum wird abgedunkelt. Nur etwa zwei Meter vom Laken entfernt steht eine Lampe.

Mehrere Kinder verlassen nun den „Zuschauerraum" und gehen nach draußen. Zwischen Lampe und gespanntem Bettlaken
steht jedoch immer nur ein Kind. Es darf beliebige Verrenkungen
machen, kriechen, hüpfen, tanzen und lustige Laute ausstoßen. Die
hinter dem Laken sitzenden Mitspieler (in der Rolle der Zuschauer)
versuchen zu erkennen, wer sich hinter dem Schatten verbirgt.

Schattenspieler und Zuschauer wechseln nach einem Gruppen-
durchgang die Rollen.

Verrückter Frühstückstisch

Material: Geschirr
Geförderte Kompetenzen: Beobachtungsfähigkeit, Aufmerksamkeit, Merkfähigkeit

Wir decken den Tisch für sechs bis acht Kinder zum Frühstück. Zwei Kinder drehen sich um, während zwei andere einige Teile auf dem Tisch verändern (z. B. einen Teelöffel wegnehmen, eine Tasse auf den Frühstücksteller stellen usw.). Was stimmt nicht mehr?

Bausteinsuche

Material: jeweils 4 Bausteine gleicher Form und Farbe
Geförderte Kompetenzen: Farben erkennen, differenzieren, vergleichen können, Wahrnehmung, Schnelligkeit

Die Pädagogin versteckt in einem anderen Raum für jedes Kind jeweils drei Bausteine der gleichen Form und Farbe; den vierten Baustein erhält das Kind selbst.

Nun müssen die Kinder nach den ihnen fehlenden Steinen suchen. Wer einen Stein entdeckt, der ihm nichts nützt, muss ihn im Vorstock liegen lassen. Findet ein Kind nach einem längeren Zeit raum seine Steine nicht, dürfen ihm die anderen beim Suchen helfen. Wer fertig ist, darf mit seinen und den Bausteinen der anderen noch etwas bauen.

Kartonversteck

Material: 8–10 große Kartons
Geförderte Kompetenzen: konzentrierte Wahrnehmung, Merkfähigkeit

Die Kinder verstecken sich hinter, unter und in bunt herumstehenden und -liegenden Kartons. Von einem vorher festgelegten Punkt aus hat ein Kind die Aufgabe herauszufinden, wo sich ein Mitspieler versteckt hält. Vielleicht lässt sich auch noch erraten, wer es ist?

Veränderungen von Geisterhand

Material: siehe Spielverlauf
Geförderte Kompetenzen: Beobachtungsfähigkeit, Merkfähigkeit

Alle Kinder bis auf eines verlassen den Raum, nachdem sie sich in diesem noch einmal gründlich umgesehen haben. Das zurückbleibende Kind (oder die Pädagogin) ändert nun allerlei Dinge im Raum um. Es nimmt z. B. ein Bild von der Wand, vertauscht Stühle, hängt eine Uhr um, stellt eine Vase auf einen anderen Platz. Danach werden die anderen Spieler in den Raum zurückgerufen und müssen nun erraten, was sich durch Geisterhand verändert hat. Ein spannendes Spiel, bei dem die Beobachtungs- und die Merkfähigkeit gefördert werden.

Esspantomime

Material: keines
Geförderte Kompetenzen: freies Darstellen, sich vor der Gruppe bewegen
können, Vorstellungsvermögen, Fantasie

Die Kinder überlegen sich, wie eine bestimmte Speise charakteristisch gegessen wird. Pantomimisch „essen" die Kinder z. B. Spaghetti, Hähnchen, Pizza, ein zähes Schinkenbrot, eine Apfelsine oder Banane usw. Wer erkennt, was der Einzelne gegessen hat, darf die nächste Esspantomime vorfuhren.

Mondgesicht

Material: 1 Stock oder Holzlöffel
Geförderte Kompetenzen: Beobachtungsfähigkeit, logisches Denken,
Merkfähigkeit, Grobmotorik

Alle Kinder sitzen im Kreis. Die Pädagogin beginnt, indem sie mit dem Stock ein „Mondgesicht" auf den Boden vor ihren Füßen malt. Dabei spricht sie als begleitenden Text „Der Mond ist rund, der Mond ist rund, er hat zwei Augen, Nas und Mund". Das Malen des Mondgesichtes geschieht mit der rechten Hand. Danach wird der Stock mit der linken Hand an den rechten Nachbarn weitergegeben.

Und nun geht es reihum in der gleichen Weise. Weder Text noch Gemälde sind dafür ausschlaggebend, ob es einer richtig gemacht hat, sondern lediglich die Tatsache, dass mit der rechten Hand gemalt und mit der linken Hand weitergegeben wird. Die Pädagogin erklärt jedes Mal, ob es richtig oder falsch gemacht wurde, verrät aber natürlich nicht den Grund. Wer es nicht gleich beim ersten

Mal begriffen hat, schafft es vielleicht bei der ersten oder zweiten Wiederholung. Ein Spiel zur Schulung der Beobachtungsgabe und Grobmotorik.

Sortieren

Material: beliebig
Geförderte Kompetenzen: Differenzieren, Gemeinsamkeiten erkennen

Nahezu alles lässt sich sortieren: Langes und Kurzes, Schmales und Breites, Großes und Kleines, Dickes und Dünnes.

Auf einem Teller sind Erbsen, Bohnen, Sonnenblumenkerne und Linsen vermischt. Die Kinder ordnen, was zusammengehört, und erkennen es.

Schatzsuche

Material: beliebige Gegenstände (z. B. Spielzeugauto, Pappfigur, Flasche, Würfel, Tasse); vorbereitetes Arbeitsblatt
Geförderte Kompetenzen: Beobachtungsfähigkeit, Schnelligkeit, Wiedererkennen, Merkfähigkeit

Beobachtungsfähigkeit, Schnelligkeit und das Wiedererkennen der abgebildeten Gegenstände stehen im Mittelpunkt dieses Spiels.

Die Pädagogin hat für jedes Kind ein Blatt Papier vorbereitet, auf dem fünf Gegenstände abgebildet sind, die von ihr auf dem Spielgelände zuvor versteckt wurden. Auf ein Startzeichen beginnen die Kinder mit der Suche. Wer nach drei Minuten die meisten Gegenstände gefunden hat, ist Sieger.

Bildausschnitte

Material: schwarzes Tonpapier, Bilderbuch bzw. Bildmaterial, Schere
Geförderte Kompetenzen: Wahrnehmung, Differenzierung, Zuordnung, Spielfreude

In ein festes, schwarzes Papier im DIN-A4-Format schneiden wir drei Löcher (klein, mittel und größer). Das Lochpapier legen wir auf eine Bilderbuchseite, ein Kalenderblatt oder auf ein Illustriertenfoto, sodass nur Ausschnitte des Bildes sichtbar sind. Die Kinder raten jetzt, wozu das sichtbare Detail gehört. Wer richtig geraten hat, darf die nächste Aufgabe stellen. Ein Wahrnehmungsspiel, das Kindern großen Spaß macht und an dem sich die ganze Gruppe beteiligen kann.

Blick in den Spiegel

Material: keines
Geförderte Kompetenzen: Beobachtungsfähigkeit, motorische Geschicklichkeit, darstellen, vergleichen können

Die Kinder stellen sich paarweise im Abstand von etwa einem Meter frontal gegenüber auf.

Die Partner agieren abwechselnd als „Spiegelbenutzer" und als „Spiegelbild". Dabei ist zu beachten, dass der Spiegel ein virtuelles Bild erzeugt, bei dem rechts und links vertauscht sind. Die Bewegungen sollen in Zeitlupe ablaufen und die Spieler sollen Augenkontakt zum Partner halten.

Variation: Die Spieler bilden einen Kreis und alle werden zu Spiegeln erklärt. Einer tritt in die Mitte und führt verrückte Bewegungen aus. Die anderen sind „Spiegel" und ahmen seine Bewegungen genauestens nach.

Im Schuhladen

Material: siehe Spielverlauf
Geförderte Kompetenzen: Merkfähigkeit, Farben unterscheiden, Geschicklichkeit, Schnelligkeit

Alle Kinder ziehen ihre Schuhe aus und legen sie auf einen Haufen am Ende des Raumes. Dann bilden sie zwei Riegen und um die Wette muss nacheinander jedes Kind die Schuhe des Kindes hinter ihm holen und sie ihm schnell anziehen. Dabei muss sich jedes Kind die Schuhfarben der anderen gut einprägen. Verwechslungen machen das Spiel auch noch lustig.

Beobachtungstour im Wald

Material: siehe Spielverlauf
Geförderte Kompetenzen: Beobachtungsfähigkeit, gezielte Wahrnehmung, entdecken, betrachten, untersuchen können

Im Wald gibt es viel zu entdecken.

Zuvor geht die Pädagogin in den Wald und sucht für die Entdeckungstour ein geeignetes Waldstück aus.

Die Kinder bekommen Beobachtungsaufgaben:

- Erforschen, in welchen Bäumen Vögel wohnen
- Vogelnester betrachten, alte Vogelnester untersuchen
- Höhlen der Vögel (vom Schwarzspecht) suchen, Hornissen- und Wespennester suchen
- In „totem" Holz Insekten, z.B. Ameisen, aufspüren
- Blätter, die auf dem Waldboden liegen, nach Fraßspuren von Insekten absuchen.

Wer steckt unter dem Laken?

| ab 3 Jahren | 10–20 Kinder |

Material: 1 Laken
Geförderte Kompetenzen: Merkfähigkeit, Kennenlernen der Gruppenmitglieder, Konzentrationsfähigkeit, Spielfreude

Die Kinder stehen im Kreis; das Gesicht zeigt nach außen und die Augen sind geschlossen. Die Pädagogin schiebt die Kinder durcheinander, sodass niemand mehr weiß, wo der andere steht. Schließlich führt sie ein Kind in die Mitte, lässt es sich hinhocken und wirft ein Laken (oder eine leichte Decke) über es. Auf ein Signal drehen sich nun alle anderen um. Welches Kind weiß zuerst, wer fehlt? Wie genau nehmen wir die anderen in unserer Gruppe wahr? Ein Spiel, bei dem es auch um schnelles Erfassen der Lage geht.

Dinge wechseln ihren Platz

ab 3
Jahren

6–20
Kinder

Material: siehe Spielverlauf
Geförderte Kompetenzen: Beobachtungsfähigkeit, Konzentrationsfähigkeit, Merkfähigkeit

Alle Kinder schließen die Augen. Die Pädagogin lässt im Gruppenraum zwei Gegenstände ihren Platz wechseln. Wer die Gegenstände benennen bzw. zeigen kann, darf die gleichen oder andere Gegenstände in der nächsten Spielrunde verstecken.

Paarsuche im Katalog

ab 3
Jahren

6–12
Kinder

Material: viele Bilder aus Katalogen und Zeitschriften
Geförderte Kompetenzen: genaues Beobachten, zuordnen, benennen und begründen können

Die Kinder sitzen um den Tisch herum. Wir legen in die Mitte möglichst viele Bilder. Jedes Kind hat die Aufgabe, damit Paare zusammenzustellen, die sachlich zusammengehören, z.B. Reifen und Autos, Ei und Eierbecher, Schrank und Holz usw. Die Zusammengehörigkeit ist zu begründen.

Variation: Die Gegenstände sollen dem gleichen Oberbegriff zugeordnet werden, z.B. Messer, Tasse und Teller = Essgeschirr.

Alle Kinder mit Sommersprossen

Material: keines
Geförderte Kompetenzen: Beobachtungsfähigkeit, Farberkennung, vergleichen, differenzieren, verbalisieren können, Reflexionsfähigkeit

Die Kinder bilden einen Kreis. Die Pädagogin bittet die Kinder, sich selbst genau zu betrachten. Dann ruft sie: „Alle Kinder mit blauen Hosen kommen in den Kreis." Nach kurzer Kontrolle, ob die Aufgabe von allen richtig verstanden wurde, laufen alle Kinder auf ihre Plätze zurück. Die Pädagogin – später auch ein Kind – stellt die nächste Aufgabe: „Alle Kinder mit schwarzen Schuhen ..., mit hellem Haar ... usw." Es kann auch ein Scherz eingefügt werden: „Alle Kinder, die zehn Finger (zehn Zehen, zwei Hände usw.) haben ..." Dieses Beobachtungs- und Differenzierungsspiel muss zügig gespielt werden.

Körperbilder

Material: je Kind 1 großer Papierbogen (Makulaturpapier), Tuschkasten, Pinsel, Wasser
Geförderte Kompetenzen: Selbst- und Fremdwahrnehmung, Farbkenntnis, Feinmotorik, benennen, Gespräche führen können

Die Kinder zeichnen die Konturen ihres Körpers auf großen Papierbögen nach. Die Fläche wird mit Wasserfarben ausgemalt, wobei die Kinder die äußeren Merkmale wie Haarfarbe, Augenfarbe, Nase, Ohren, aber auch Körperteile wie Schulter, Arme, Hände usw. eintragen und benennen.

Im Stuhlkreis kann sich ein Gespräch über die Funktion, die Aufgabe und den Schutz unserer Körperteile entwickeln, z. B. über die Augen, Ohren, Nase, Haut und den Magen. Alle Kinder haben hiermit positive, aber auch schmerzhafte Erfahrungen, sodass sich gute Gesprächsansätze ergeben.

Alles schaut zum Dirigenten

Material: keines
Geförderte Kompetenzen: Beobachtungsfähigkeit, Konzentrationsfähigkeit, Koordination, Kooperation

Ein Kind wird zum Dirigenten auserkoren. Dann einigt sich das Orchester auf ein Musikstück, das gespielt werden soll.

Sind Instrumentarium und Spielplan erklärt, geht es an die Ausführung. Der Dirigent dirigiert das abgesprochene Musikstück und die Instrumente spielen im angegebenen Takt – jedoch völlig lautlos. Lediglich die Mimik und die Bewegungen der Instrumenta-

listen werden imitiert. Der Dirigent kann sowohl das ganze Orchester zum Spiel anhalten als auch von einzelnen Instrumenten ein Solo spielen lassen. Der gemeinsame Schlussakkord wird gefühlvoll, aber für das Publikum laut wahrnehmbar zu Gehör gebracht.

Das harmonische Zusammenspiel der Instrumente wird das begeisterte Publikum anhalten, Zugaben zu verlangen.

Hell und dunkel

| | | ab 4 Jahren | | 6–12 Kinder |

Material: 1 Tablett oder Brett, verschiedene hell- und dunkelfarbige Scheiben
Geförderte Kompetenzen: Unterscheiden von hellen und dunklen Farben, Beobachtungsfähigkeit, Farberkennung, Differenzierung, Wahrnehmung

Bei diesem Spiel nehmen die Kinder den Unterschied zwischen hell und dunkel wahr.

Die Pädagogin hat den im Stuhlkreis sitzenden Kindern ein Tablett mitgebracht. Auf ihm liegen helle und dunkle Farbscheiben. Jedes Kind nimmt sich eine und gemeinsam wird unterschieden (hellgrün – dunkelgrün usw.).

Variation: 1 Brett mit dunkler und heller Hälfte wird verwendet. Die Kinder ordnen die Farbscheiben der jeweiligen Bretthälfte zu.

Museumsspiel

Material: Bildkarten
Geförderte Kompetenzen: Wahrnehmung, Sprachkompetenz, erkennen, zuordnen können, Reflexionsfähigkeit

Naturkundliche Museen sind besonders gut geeignet, um auch schon vierjährigen Kindern die heimatliche Tierwelt näher zu bringen und ihre Wahrnehmung und ihr Interesse auf diesen Bereich zu lenken. Im Kindergarten wird (im Stuhlkreis oder am Tisch) mithilfe von Bildkarten als Anschauungsmaterial über bekannte und unbekannte Tiere gesprochen.

Beim Museumsbesuch erhält dann jedes Kind ein oder zwei Bildkarten. Ist das auf dem Kärtchen abgebildete Tier im Museum zu finden?

Wenn-dann-Memory®

Material: pro Spielgruppe ca. 60 Bildkarten
Geförderte Kompetenzen: Beobachtungsfähigkeit, Konzentrationsfähigkeit, Merkfähigkeit, beschreiben können

Die Pädagogin legt auf die Tischmitte 60 Bildkärtchen, die alle auf der Vorder- und Rückseite ein verschiedenes Bild haben. Jedes Kind schaut sie genau an und versucht, sich so viele Bilder wie möglich einzuprägen. Dann werden die Karten umgedreht. Das erste Kind deutet auf eine Karte und sagt: „Wenn auf der Vorderseite … (z. B. ein Hase) … ist, dann muss auf der Rückseite … (z. B. ein Baum) … sein!" Nun nimmt es die Karte und schaut nach. Hat es sich richtig erinnert, darf es die Karte behalten, wenn nicht, muss es sie wieder in die Mitte legen. Sieger ist, wer zum Schluss die meisten Karten besitzt.

Gut beobachtet

Material: keines
Geförderte Kompetenzen: genaues Beobachten, Aufmerksamkeit, Konzentrationsfähigkeit, Merkfähigkeit, benennen können

Die Pädagogin erzählt: „Jeden Tag sehen wir zu Hause und auf der Straße viele Dinge. Wir nehmen sie wahr. Halten wir jedoch inne und fragen uns, was wir gesehen haben, dann fällt uns die Antwort schwer. Weißt du, ohne hinzusehen, welche Farbe deine Strümpfe haben? Du hast sie doch heute erst angezogen ...“ Mit einigen Fragen testen wir die Beobachtungsgabe:

- In welche Richtung blickt der Adler auf dem 1-Euro-Stück? (Vom Beobachter aus nach rechts)
- Auf welcher Seite befinden sich bei Herrenhemden die Knopflöcher? (Auf der linken)
- In welche Richtung gehen die Menschen beim Verkehrsschild „Fußgängerüberweg“? (Nach links)
- Wie schwingen beim Gehen unsere Arme – mit den Beinen oder gegen den Beinrhythmus? (Gegen den Beinrhythmus).

Gemeinsam entwickeln wir mit den Kindern weitere Beobachtungsaufgaben.

Hände erkennen

Material: Vorhang
Geförderte Kompetenzen: Beobachtungsfähigkeit, differenzierte Wahrnehmung, zuordnen können

Zwei Gruppen werden gebildet; die eine verschwindet hinter einem Vorhang. Der Reihe nach werden bloße Hände vorgezeigt. Die Zuschauer sollen die „Besitzer" der Hände erraten.

Mäntel raten

Material: Kleidungsstücke
Geförderte Kompetenzen: aufmerksame Wahrnehmung, zuordnen können, Differenzierung

Florian geht hinaus und zieht sich den Mantel von Felix an. Er kommt wieder herein. Felix, der seinen Mantel erkennt, darf weder sprechen noch lachen. Die anderen Kinder müssen den Besitzer des Mantels erraten. Wer den Mantel zuerst erkennt, darf beim nächsten Mal hinausgehen und einen anderen Mantel anziehen.

Variation: Statt Mäntel kann man Frühstückstaschen erraten lassen.

Wir tun so, als ob ...

ab 5 Jahren

10–20 Kinder

Material: keines
Geförderte Kompetenzen: visuelle Wahrnehmung, körperlicher Ausdruck, Darstellungsfähigkeit, Aufmerksamkeit, Konzentrationsfähigkeit

Die besondere Spielqualität der Pantomime liegt für Kinder im Üben der visuellen Wahrnehmung, des Ausdrucks, im Entwickeln von Ideen, im genauen Beobachten und Wiedergeben. Die Pantomime fordert gespannte Aufmerksamkeit bei der Ausführung durch den Darsteller und beim Zuschauen und Erkennen der Szene durch das Publikum.

Die Pädagogin lässt die Kinder nacheinander gemeinsam verschiedene Handlungen pantomimisch darstellen. Sie sagt: „Wir tun so, als ob wir ...

- unsere Zähne putzen,
- in die Hose steigen und die Jacke zuknöpfen,
- die Schnürsenkel unserer Schuhe zubinden,
- unsere Kindergartentasche (Schultasche) zusammenpacken,
- einen Knopf annähen,
- die Zeitung (ein Bilderbuch) lesen (betrachten),
- einen Ball werfen und fangen,
- Fußball spielen,
- ein Musikinstrument spielen,
- miteinander telefonieren,
- uns begrüßen,
- zu zweit einen Turm bauen,
- uns zu zweit etwas zuflüstern,
- Auto fahren.“

Die Handlungen lassen sich beliebig erweitern. Das Spiel kann lebendig ausklingen, indem die Pädagogin mitteilt: „Wir tun so, als ob wir Turnen hätten ...“ Alle Kinder springen, hüpfen, laufen durch den Raum.

Was bin ich?

Material: keines
Geförderte Kompetenzen: Aufmerksamkeit, Konzentrationsfähigkeit, zuordnen, differenzieren, benennen können, etwas/sich darstellen vor der Gruppe

Ein Kind steht in der Mitte des Kreises und wird nun aufgefordert, sich einen Beruf und das dazugehörige Material (z. B. Handwerkszeug) auszudenken. Es nennt den anderen aber nur Dinge, die bei der Arbeit benötigt werden (z. B. Nadel, Pinsel, Löffel usw.). Die Kinder sollen nun erraten, in welchem Beruf die Gegenstände benötigt werden. Wer es zuerst gefunden hat, stellt die nächste Aufgabe.

Variation: Das Kind führt Bewegungen aus, die den Beruf erkennen lassen.

Wiesenerlebnisse

Material: 10 m Schnur je Kind, Lupe, Malutensilien
Geförderte Kompetenzen: genaues Beobachten, Konzentrationsfähigkeit, differenzieren, benennen können

Ein schönes Spiel im Freien: Für jedes Kind wird in der Wiese (kurz bevor sie gemäht wird) eine Schnur gespannt. Jedes Kind bekommt eine Lupe, einen Stift und einen Malblock. Jetzt gehen die Kinder entlang ihrer Schnur auf „Wahrnehmungsreise". Sie beobachten, was sich entlang der Schnur bewegt, krabbelt, lebt und wächst. Das können kleine Tiere sein (Raupen, Heuschrecken), ein vierblättriges Kleeblatt oder ein Schneckenhaus.

Die Kinder betrachten ihre Funde genau und malen auf, was sie gesehen haben.

Hier stimmt was nicht

Material: siehe Spielverlauf
Geförderte Kompetenzen: aufmerksames Beobachten, differenzieren, erkennen und benennen können, Spielfreude

In einem vorher zu bestimmenden Gelände müssen die Kinder die Dinge entdecken, welche nicht durch die Natur hierhergebracht wurden. Das sollten Dinge sein, die je nach Alter und Erfahrungsstand der Kinder vorher von der Pädagogin entsprechend ausgewählt wurden. Im Garten können z. B. Südfrüchte liegen, im Baum Glühbirnen hängen, im Glascontainer kann Papier und auf dem Komposthaufen eine Flasche liegen. Der Fantasie sind keine Grenzen gesetzt.

Das Sachensucherspiel

Material: vorbereitete Listen
Geförderte Kompetenzen: Kooperation, Koordination, sich äußern und absprechen, aufmerksames Beobachten, zuordnen können

Grundschulkinder bekommen eine Liste, Kindergartenkinder bekommen die Dinge mündlich mitgeteilt oder aufgezeichnet, die sie wie einst Pippi Langstrumpf suchen sollen. Für die Kleineren sollte die Liste der zu sammelnden Dinge höchstens fünf Punkte umfassen.

Das könnten sein:

- etwas Lebendiges
- etwas besonders Weiches
- etwas besonders Umweltfreundliches
- etwas besonders Stacheliges
- etwas Glitzerndes u. a. m.

Die Kinder können auch zu zweit oder zu dritt gehen. Gelände bzw. Gebiet wurde vorher abgesprochen. Das hat den Vorteil, dass die Kinder sich gemeinsam absprechen müssen und die Relativität von Einschätzungen kennenlernen.

Schnellzeichner

| | ab 6 Jahren | | 8–12 Kinder |

Material: ca. 40 Bogen Papier, schwarze Filzstifte, ca. 40 Kärtchen mit Begriffen (Abbildungen)
Geförderte Kompetenzen: zeichnerische Darstellungsfähigkeit, wahrnehmen, erraten, erkennen und benennen können

Es werden zwei gleich große Gruppen gebildet. Jede entsendet einen Mitspieler. Er muss einen Begriff (bei größeren Kindern kann es auch ein Sprichwort sein), der ihm von der Spielleitung zugeflüstert wird, zeichnerisch so darstellen, dass er von seiner Gruppe möglichst schnell erraten wird.

Es werden mehrere Runden gespielt, wobei jedes Kind einmal in der Rolle des Zeichners und des Ratenden sein sollte. Gemalt wird auf einem großen Papierbogen oder an einer Tafel. Die Pädagogin als Spielleiterin stoppt die Zeit, in der die einzelnen Begriffe erkannt wurden. Als Ratezeit kann von der Gesamtgruppe vor Spielbeginn z. B. eine Minute für jeden Begriff festgelegt werden. Welche Gruppe löst am schnellsten alle ausgegebenen Begriffe? Der Schwierigkeitsgrad der Aufgabe richtet sich nach dem Alter der Teilnehmenden.

Heiß, kalt

Material: beliebiger Gegenstand
Geförderte Kompetenzen: Beobachtungsfähigkeit, erkennen, differenzieren können, Reaktionsfähigkeit, Spielfreude

Ein Kind muss einen versteckten Gegenstand suchen und wird von der Gruppe gelenkt. Ein Spieler wird hinausgeschickt, im Raum wird ein Gegenstand versteckt. Ist der Suchende nahe am Versteck, ruft die Gruppe „heiß", ist er weiter entfernt, wird es lauwarm oder kalt. Er kann auch mit lautem oder leiserem Summen, Klatschen oder Stampfen zum Versteck geführt werden.

Was hat sich verändert?

Material: keines
Geförderte Kompetenzen: Beobachtungsfähigkeit, Konzentrationsfähigkeit, erkennen, vergleichen können, Wahrnehmung

Um aufmerksames, konzentriertes Beobachten geht es bei diesem Spiel.

Die Gruppe stellt sich in zwei Reihen einander gegenüber auf. Eine Minute lang versuchen die Kinder, sich das Aussehen des jeweiligen Partners in der anderen Gruppe einzuprägen. Dann drehen sich die Kinder um, damit sie einander nicht sehen können. Jedes Kind verändert zwei äußere Merkmale an sich selbst (Hosenbein hochkrempeln, Schuhband öffnen, Ärmel hochziehen usw.). Alle wenden sich wieder einander zu und versuchen, die Veränderung an ihrem Partner festzustellen.

Domino

| | | ab 5 Jahren | | 4–6 Kinder |

Material: Dominosteine
Geförderte Kompetenzen: Wahrnehmung, Differenzierung, Konzentrationsfähigkeit, Reaktionsvermögen, Spielfreude

An jedes Kind werden vier Dominosteine ausgegeben. Die anderen Steine liegen mit den Augen nach unten an der Seite. Das Kind mit der höchsten Doppelzahl beginnt anzulegen. Ist keine Doppelzahl im Spiel, beginnt das Kind mit der höchsten Augenzahl. Wer nicht anlegen kann, muss so lange ziehen, bis er die passenden Augen gefunden hat. Gewonnen hat bei diesem Spiel, wer zuerst alle Steine angelegt hat.

Veränderungen in Wald und Gelände

| | | ab 5 Jahren | | 8–12 Kinder |

Material: siehe Spielverlauf
Geförderte Kompetenzen: differenzierte Wahrnehmung, genaues Beobachten, originelle Ideen umsetzen, Differenzierungsfähigkeit

Die Pädagogin teilt die Kindergruppe in zwei Kleingruppen A und B auf. Beide Gruppen gehen eine kurze Wegstrecke ab (je nach Alter, Erfahrung und Entwicklungsstand der Kinder bemessen, maximal jedoch etwa 100 Meter). Sie prägen sich den Boden, die Büsche und die nähere Umgebung der Wegstrecke gut ein, achten auch auf Kleinigkeiten. Nun kehren alle zum Ausgangspunkt zurück.

Gruppe A erhält den Auftrag, innerhalb der begangenen Wegstrecke etwa zehn Veränderungen vorzunehmen: einen Stein auf die andere Seite legen, Dinge, die nicht in den Wald gehören, dort hinlegen, Laubhaufen umschichten oder Tannenzapfen unter einen

Laubbaum legen. Gruppe B versucht, die Veränderungen herauszufinden. Ein zweiter Durchgang mit vertauschten Rollen sollte erfolgen. Am Ende des Spiels werden selbstverständlich alle „waldfremden" Gegenstände wieder eingesammelt.

Oberaffe

Material: keines
Geförderte Kompetenzen: genaues Beobachten, motorische Geschicklichkeit, Schnelligkeit, Kooperation, Koordination, Fantasie

Wir bilden einen Stuhlkreis. Ein Kind beginnt mit einer Bewegung (z. B. mit der rechten Hand hinterm Ohr kratzen, mit beiden Händen auf die Schenkel klopfen usw.). Alle anderen Mitspieler machen die Bewegungen des „Oberaffen" genau nach.

Variation: Jeweils ein Spieler bekommt den Auftrag zu erraten, wer der (vorher von der Gruppe festgelegte) Oberaffe ist. Er muss dann seine Mitspieler genau beobachten.

Unsichtbare Gegenstände

Material: keines
Geförderte Kompetenzen: Fantasie, originelle Ideen umsetzen, Vorstellungsvermögen

Die Kinder bilden einen Sitzkreis. Die Pädagogin gibt eine unsichtbare verformbare Masse herum. Jeder Mitspieler formt irgendeinen Gegenstand, verwendet ihn in beliebiger Weise, knetet dann die Masse wieder zusammen und reicht sie dem nächsten.

Beobachten Sie einmal, welche originellen Ideen die Kinder in diesem Spiel umsetzen.

Unglaubliche Gebilde

Material: Fotokopien von geometrischen Figuren und optischen Täuschungen
Geförderte Kompetenzen: Wahrnehmung, genaues Beobachten, Konzentrationsfähigkeit, schätzen, messen, erkennen, benennen können

Für dieses Spiel fotokopiert die Pädagogin die geometrischen Figuren und optischen Täuschungen auf den folgenden Seiten und legt sie dann nacheinander den Kindern zur Einzelbetrachtung vor.

Beim genauen Betrachten haben die Kinder viel Spaß, besonders dann, wenn sie feststellen, dass die Gebilde umso merkwürdiger werden, je länger sie hinschauen. Die Kinder erfahren, dass diese „optischen Täuschungen" auf sogenannten Trugbildern beruhen und nicht etwa auf Fehlern ihres Auges.

Vase oder Gesichter?

Pädagogin: „Schaut euch das Bild genau an. Was seht ihr? Wer erkennt zuerst zwei Gesichter im Profil, wer nur eine Vase?"

Wie viele Kugeln passen in das Quadrat? (Lösung: 8)

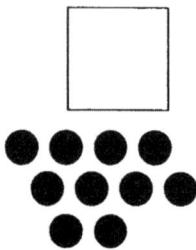

Ist der Querbalken des großen T genauso lang wie der senkrecht stehende?

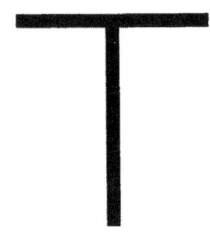

Zuerst schätzen die Kinder und messen dann mithilfe der Pädagogin nach.

Gitter mit Schatten

Die Kinder betrachten genau das Gitterbild. Nach einiger Zeit meinen sie, an den Kreuzungspunkten dunkle Schatten zu sehen. Wir erklären ihnen, dass dieses nur eine Täuschung sei, weil jedes Auge nach einer bestimmten Zeit ermüdet und in der Aufmerksamkeit (bzw. Konzentration) nachlässt. Die Konzentration lässt an den Stellen zuerst nach, die am stärksten beansprucht werden. Hier sind es die weißen Stellen.

Verzerrtes Schachbrett

Pädagogin: „Ihr habt sicher schon ein Schachbrettmuster gesehen. Wenn ihr euch dieses anschaut, sieht es verzerrt (bzw. verbogen) aus. Haltet das Bild jetzt dicht vor die Augen (in einem Abstand von ca. 4 cm). Was seht ihr jetzt?" Die Kinder sehen das Schachbrettmuster nicht mehr verzerrt, sondern völlig regelmäßig.

Schwarze und weiße Punkte

Die Kinder sollen zuerst durch Schätzen und dann durch Nachmessen herausfinden, ob die mittleren Punkte in den Abbildungen gleich groß sind.

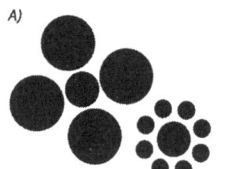

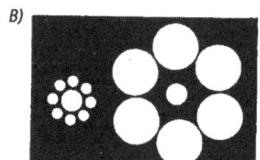

Mondlandung

Pädagogin: „Haltet euch das Bild direkt vor die Nasenspitze, sodass sie den Punkt in der Mitte berührt. Was passiert jetzt?"

Die Kinder stellen erstaunt fest, dass sich die Rakete auf den Mond zubewegt. Drehen die Kinder die Abbildung jetzt auch noch langsam gegen den Uhrzeigersinn, so steigt die Rakete auf und fliegt davon.

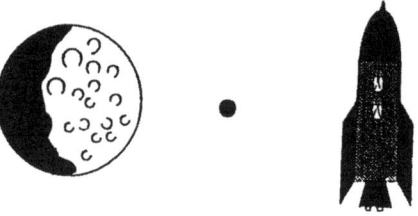

Breiter oder höher?

Die Kinder versuchen herauszufinden, ob diese Zickzackfigur breiter als hoch ist. Zuerst wird geschätzt, dann nachgemessen.

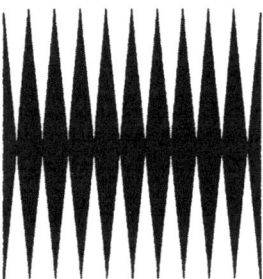

Wo befindet sich der Punkt?

Die Pädagogin bittet die Kinder, genau auf den Punkt auf dem Quader zu schauen. Befindet er sich auf der Vorderseite oder auf der

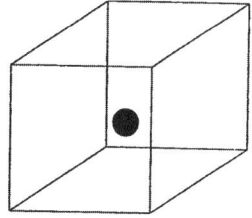

Hinterseite? Die Kinder erfahren, dass beides möglich ist, je nachdem, worauf sie sich konzentrieren.

Zublinzeln

ab 5
Jahren

12–20
Kinder

Material: Stühle
Geförderte Kompetenzen: Beobachtungsfähigkeit, Reaktionsvermögen, Kommunikationsfähigkeit, Schnelligkeit, Kooperation, Wahrnehmung

Ein altes, bei Kindern sehr beliebtes Beobachtungs- und Kontaktspiel ist das „Zublinzeln". Alle Mitspieler – außer einem – finden sich zu Paaren zusammen. Nun wird ein Stuhlkreis gebildet, d. h., jedes Paar erhält einen Stuhl, auch der „allein stehende" Mitspieler. Der eine Partnerteil setzt sich auf den Stuhl, der andere stellt sich dahinter. Nun muss der „allein stehende" Mitspieler durch Zublinzeln versuchen, die Aufmerksamkeit eines der Mitspieler zu erringen, die auf den Stühlen sitzen und die dann, wenn sie es bemerkt haben, rasch aufspringen, um sich auf den leeren Stuhl zu setzen. Währenddessen müssen die hinter den Stühlen stehenden Mitspieler den „Blinzler" genau beobachten, ob er vielleicht ihrem Partner zublinzelt, um diesen dann gegebenenfalls durch Festhalten an den Schultern an der Flucht zu hindern. Der Verlassene blinzelt weiter. Die Pädagogin sollte darauf achten, dass alle – auch „Mauerblümchen" – einmal angeblinzelt werden.

Einauge

ab 4 Jahren   2–10 Kinder

Material: siehe Spielverlauf
Geförderte Kompetenzen: Wahrnehmung, Motorik, Auge-Hand-Koordination

Die Kinder versuchen, mit einem verbundenen Auge ein Glas Wasser einzuschütten, einen Faden in eine Nadel einzufädeln, einen dünnen Gegenstand zu ergreifen oder auf einem Weg auf unterschiedlich entfernte Flächen zu treten. Wir sprechen anschließend mit den Kindern über die gemachten Erfahrungen.

Jogurtbechermemory

ab 4 Jahren   6–20 Kinder

Material: siehe Spielverlauf
Geförderte Kompetenzen: Konzentration, Beobachtungsfähigkeit, Wahrnehmung

Zunächst einmal benötigen wir etwa 10 Gegenstandspaare wie z. B. 2 Kastanien, 2 Murmeln, 2 Blätter, 2 Büroklammern o. Ä. Diese Dinge werden einzeln unter Jogurtbechern versteckt. Durch Anheben der Becher müssen die Paare gefunden werden. Jedes Kind darf 2 Becher heben. Wenn es 2 Dinge gefunden hat, darf es diese behalten und die nächsten Becher untersuchen, sonst kommt das nächste Kind an die Reihe.

Für besondere Festtage, z. B. Geburtstage, kann man auch kleine Geschenke unter den Bechern verstecken. Gut eignen sich auch für das Spiel ausgediente Hyazinthenhüte.

Memory aus Geschenkpapier

	ab 4 Jahren	2–6 Kinder

Material: Geschenkpapier mit sich wiederholenden Motiven, Tonpapier, Scheren, Klebstoff
Geförderte Kompetenzen: genaues Beobachten, Merkfähigkeit, zuordnen, erkennen können, Spielfreude

Wir stellen aus dem Tonpapier so viele Kärtchen her, wie Einzelmotive verwendet werden, wobei sich die Kartengröße nach dem größten Einzelmotiv richtet. Aus dem Geschenkpapier schneiden wir jeweils die gleiche Anzahl (Doppel-, Drei- oder Mehrfachmotive) aus und kleben sie auf die Tonpapierkärtchen. Jetzt kann mit dem Spiel begonnen werden. Dazu legen wir die Kärtchen mit der Rückseite nach oben zu einem Viereck. Die Mitspieler einigen sich vor Spielbeginn, welches Einzelmotiv sie einsammeln möchten, und wissen, wie oft jedes Motiv vorhanden ist. Das Spiel geht reihum. Jeder Spieler deckt für alle gut sichtbar ein Kärtchen auf. Hat er eines seiner Motive gefunden, darf er das Kärtchen nehmen und einen weiteren Versuch machen. Hat er dagegen ein anderes Motiv aufgedeckt, so dreht er das Kärtchen wieder um. Der nächste Spieler kommt jetzt an die Reihe. Wer zuerst alle Kärtchen seines Motivs eingesammelt hat, ist Sieger.

Pünktchen und Anton

	 ab 3 Jahren	 7–13 Kinder

Material: keines
Geförderte Kompetenzen: Wahrnehmung, Merkfähigkeit, Zuordnung, Spielfreude

Die Kinder setzen sich in Paaren (maximal sechs Paare) zusammen. Ein Kind ist jeweils Pünktchen, das andere Anton. Ein Mitspieler erhält die Aufgabe, sich die Paare genau zu merken. Dann wird er vor die Tür oder hinter eine Stellwand geschickt, während in der Zwischenzeit alle Kinder die Plätze tauschen. Das wartende Kind wird jetzt hereingeholt. Gelingt es ihm, die richtigen Paare wieder zusammenzusetzen? Die Aufgabe ist gelöst, wenn die Hälfte der Paare richtig erkannt wird.

Spurenleger

Material: keines
Geförderte Kompetenzen: Beobachtungsfähigkeit, Motorik, Fantasie, Spielfreude

Bei diesem Geländespiel werden die Kinder in zwei Gruppen geteilt, in eine kleine (vier Kinder) und eine große (acht Kinder). Die kleine geht voraus und hinterlässt Spuren (Zeichen im Erdboden, Markierungen durch kleine Äste, legt Irrspuren usw.). Nach einer verabredeten Zeitspanne folgt die große Gruppe, die die Spurenleger suchen muss. Ein Spiel, bei dem die Beobachtungsfähigkeit besonders gefragt wird.

Spuren im Schnee

Material: keines
Geförderte Kompetenzen: Beobachtungsfähigkeit

Wie beim vorherigen Spiel teilen wir die Kinder in zwei Gruppen ein, in eine kleine (mind. vier Kinder) und eine große (mind. acht Kinder). Die kleine Gruppe geht voraus und hinterlässt Spuren im

Schnee (Hakenschlagen, Markierungen, Irrspuren usw.). Nach einiger Zeit macht sich die große Gruppe auf die Suche nach den Spurenlegern.

Das Gelände, auf dem die Spurensuche stattfindet, muss natürlich Anna und allen anderen Kindern gut bekannt sein.

Motivsuche im Freien

Material: 6–8 vorbereitete Bildkarten je Kind
Geförderte Kompetenzen: Beobachtungsfähigkeit, Reaktionsfähigkeit, differenzieren, erkennen können, Spielfreude

Vor Beginn eines Spaziergangs wurden bekannte Motive aus Illustrierten geschnitten und auf Karten geklebt (z. B. Briefkasten, Kirche, Verkehrsschild, Hund, Katze usw.). Jedes Kind bekommt etwa sechs bis acht Karten. Wer einen Gegenstand sieht, der auf einer seiner Karten abgebildet ist, meldet sich und gibt die Karte der Pädagogin ab. Wer am Schluss die wenigsten Karten besitzt, ist Sieger.

Gegenstände unterscheiden

Material: verschiedene Gegenstände
Geförderte Kompetenzen: differenzieren, zuordnen, benennen, beschreiben können, Spielfreude

Die Pädagogin greift aus einem Korb einen Gegenstand und hält ihn hoch mit der Frage: „Woraus ist der Gegenstand gemacht?" Wer es zuerst benennt, darf ihn behalten. Die gezeigten Gegenstände können z. B. aus Holz, Stoff, Metall, Pappe, Gummi, Ton, Glas usw.

gemacht sein. Gewinner ist derjenige, der am Ende des Unterscheidungsspiels die meisten Gegenstände vor sich liegen hat.

Farbenjagd

Material: keines
Geförderte Kompetenzen: Farberkennung, Reaktionsfähigkeit, Motorik, Schnelligkeit, Spielfreude

Die Kinder bewegen sich frei auf einem abgegrenzten Spielfeld. Ein ausgesuchtes Kind ruft: „Haltet euch an eine Farbe!", und nach einer kurzen Pause fügt es z. B. hinzu: „Braun". Die übrigen Kinder laufen jetzt in alle Richtungen, bemüht, schnell irgendeinen Gegenstand zu finden, der die bestimmte Farbe hat, um ihn zu berühren. Der Ausrufer versucht inzwischen, die Spieler zu fangen. Falls er einen fängt, der die festgelegte Farbe noch nicht berührt hat, vertauschen beide die Rollen.

Wald-Memory

Material: siehe Spielverlauf
Geförderte Kompetenzen: Wahrnehmungsfähigkeit, zuordnen, erkennen, benennen können

Die Pädagogin grenzt im Wald einen Spielraum ein.

Sie hat vorher eine Sammlung von „Waldmaterialien" angelegt und in einen Korb gelegt. Die Pädagogin zeigt den Kindern ihre „Schätze": Kastanien, Bucheckern, ein Stück Moos, Kienäpfel, ein Stück Rinde und andere natürliche Materialien, die sich in dem abgesteckten Spielgelände finden lassen. Der Korb wird aufgedeckt, die Kinder machen sich mit den Fundstücken vertraut, benennen sie. Nun gehen die Kinder in das Spielgelände, um möglichst viele Gegenstände zu den gezeigten Materialien zu finden und zusammenzutragen.

Welche Karte fehlt?

Material: 6 vorbereitete Bildkarten
Geförderte Kompetenzen: Wahrnehmungsfähigkeit, Merkfähigkeit, Spielfreude

Es werden sechs Bilderkärtchen der Reihe nach auf den Tisch gelegt. Ein Kind dreht sich um und ein anderes nimmt nun ein Kärtchen weg. Jetzt darf das erste Kind raten, was fehlt.

Die Kärtchen können die Punkte eines Würfels enthalten. Es können aber auch Motiv- und Symbolkärtchen eingesetzt werden. Dabei ist auf das Alter der Kinder zu achten.

Variation: Die Kärtchen liegen nicht mehr in der richtigen Reihenfolge auf dem Tisch.

Waschtag

Material: hell- und dunkelfarbige Wäsche, Wäscheleine
Geförderte Kompetenzen: Unterscheiden von hellen und dunklen Farben, Beobachtungsfähigkeit, Farbe erkennen, differenzieren, Motorik

Zwei gleich große Gruppen werden gebildet. Die eine heißt „Hell", die andere „Dunkel". Die Kinder sollen von einer gespannten Wäscheleine, auf der helle und dunkle Wäschestücke durcheinander aufgehängt sind, die jeweils für ihre Gruppe bestimmte Wäsche abnehmen und zu einer etwa zehn Meter entfernten Ziellinie bringen. Am Schluss wird noch einmal überprüft. Die Gruppen können nach einem Durchgang wechseln.

Natascha trägt Susannes Brille

Material: siehe Spielverlauf
Geförderte Kompetenzen: Personenwahrnehmung, Konzentrationsfähigkeit, erkennen, vergleichen können, Spielfreude

Alle Mitspieler sitzen im Kreis und beobachten sich gegenseitig. Einer der Mitspieler wird hinausgeschickt. In der Zwischenzeit verändern eine oder mehrere der im Kreis verbliebenen Personen etwas an sich: Eine Brille wird aufgesetzt oder abgelegt, ein Kleidungsstück wird getauscht. Danach kommt das hinausgeschickte Kind herein und muss erraten, an welchen Personen sich etwas verändert hat. Als Hilfe kann ihm das Klatschen der übrigen Mitspieler dienen, das leise oder laut ist, je nachdem, wie nahe es seinem Ziel kommt.

Fotosafari

Material: einfache Fotoapparate, Filme
Geförderte Kompetenzen: Wahrnehmung, genaues Beobachten, Kooperation

Mit Kindern vom Grundschulalter an können wir uns auf eine Fotosafari begeben. Nachdem grundsätzliche Informationen zur Handhabung des Fotoapparates gegeben wurden, findet eine gezielte Fotoaktion statt. Für Einzel- und Gruppenreportagen bieten sich z.B. folgende Motive an:

- Landschaften: Wald, Wiese, Felder, Ernte, Wolkenberge
- Nahaufnahmen: (je nach technischer Möglichkeit) Blumen, Schmetterlinge, Zweige, Kleintiere, Hausrat
- Jahreszeiten: Frühlingsmotive, Schneeaufnahmen, Eiskristalle, Sonne in den Morgenstunden
- Garten: Blumen, Bäume, Sträucher, Stauden, Blüten.

Weitere „Wahrnehmungsmotive": Menschen, Tiere, Zoo, Aquarien, Wochenmärkte, Jahrmarkt, Reise mit den Eltern, Stadtbummel.

Gegenstände mit H

Material: 1 Bild oder 1 Bilderbuch
Geförderte Kompetenzen: genaues Beobachten, erkennen, benennen können, erste Alphabetisierung

Wir benötigen ein Bild oder ein Bilderbuch. Die Pädagogin zeigt den Kindern ein Bild und fragt: „Wer sieht die Gegenstände, die mit einem H beginnen?" (Es kann später jeder Buchstabe benutzt werden.) Wer kann die meisten Gegenstände richtig benennen?

Rund um die Uhr

Material: Uhr mit gut sichtbarem Ziffernblatt
Geförderte Kompetenzen: Merkfähigkeit, beobachten, beschreiben, benennen können, Reflexionsfähigkeit

Es geht um Beobachtung, Merkfähigkeit und Wissenserweiterung. Die Kinder sitzen im Halbkreis. Die Pädagogin hält für alle gut sichtbar eine Uhr hoch und stellt die Aufgabe, sie sich genau anzusehen. Nach etwa einer Minute wird die Uhr beiseite gelegt und es wird gefragt:

- Wer weiß, wie spät es war?
- Stehen Zahlen oder Striche auf dem Ziffernblatt?
- Wie viel Zeiger hat die Uhr (Sekundenzeiger)?
- Welche Farbe hat sie?
- Welche Form hat die Uhr?

Variation: Es können beliebige andere Gegenstände gezeigt und erfragt werden.

Schattenraten

Material: Bettlaken, Lampe, Befestigungsvorrichtung für das Laken
Geförderte Kompetenzen: Motorische Geschicklichkeit, erkennen, darstellen können, Wahrnehmung, Spielfreude

Für dieses Spiel spannen wir ein Bettlaken auf (z. B. mit Reißzwecken in einem Türrahmen befestigen). Der Raum wird abgedunkelt. Etwa zwei Meter vom Laken entfernt steht eine Lampe. Ein Kind stellt sich zwischen Lampe und Bettlaken. Es darf sich nun aus einer vorher festgelegten Kategorie (z. B. Tier, Beruf, Sportart) einen Begriff auswählen und diesen darstellen. Auch Geräusche sind erlaubt. Die hinter dem Laken sitzenden Mitspieler (in der Rolle der Zuschauer) versuchen zu erraten, um welchen Begriff es sich handelt. Das Kind, welches den Begriff richtig errät, wird nun zum „Schattenspieler".

Bilder-Kim

Material: mehrere nicht zu kleine Bilder
Geförderte Kompetenzen: Wahrnehmung, Merkfähigkeit, Sprachkompetenz

Die Pädagogin zeigt allen Kindern für die Dauer von zwei bis drei Minuten ein Bild und lässt es betrachten. Dann dreht sie das Bild um. Die Kinder beschreiben möglichst viele Einzelheiten des Bildes. Wie genau wurde wahrgenommen?

Bilderbücher und Wahrnehmungsförderung

Material: ausgewählte Bilderbücher, Karton, Farbstifte, Kleber, Scheren
Geförderte Kompetenzen: Sprachkompetenz, erkennen, benennen, zuordnen können, Beobachtungsfähigkeit, Merkfähigkeit

Bilderbücher sind mehr als jede andere Buchform dem Kind Gesprächspartner. Bilderbücher, richtig eingesetzt und genutzt, helfen, die Sozialisation des Kindes zu steigern. Es lernt zunehmend, Einzelelemente aus komplizierten Zusammenhängen zu erfassen, begreift mehr und mehr Prozesse, Abhängigkeiten und damit seine eigene Stellung innerhalb seiner Lebensumwelt.

Bilderbücher sind in Kindergarten-, Hort- und Grundschule als wichtiges (literatur-)pädagogisches und ästhetisches Medium unverzichtbar. *Bieten sie doch bereits durch die Präsentation im Gegensatz zum Fernsehen dem Kind Bilder, die es ausgiebig lange und immer wieder in Ruhe betrachten kann.* Werden Kinder schon sehr früh daran gewöhnt, dass sich Erwachsene oder ältere Geschwister mit ihnen zusammensetzen, um gemeinsam ein Bilderbuch zu betrachten, so werden sie auch als Schulanfänger nicht auf diesen Umgang verzichten mögen. *Umschläge und Einzelbilder sind für viele Kinder schon sehr früh Denk- und Sprechanstöße. Wiedererkanntes wird benannt,* oft mit eigenen Wortschöpfungen und Vokabeln umgesetzt.

Neben dem Betrachten und Besprechen von Bilderbüchern haben Kinder bisweilen großen Spaß daran, sich eigene Bilderbücher zu schaffen. Dafür genügen dem Kind alte Kataloge, alte Aktendeckel, die beklebt werden, oder ältere Bilderbücher, die auseinanderfallen und die man eigentlich fortwerfen sollte. Zeichnerisch und malerisch interessierte Kinder setzen bei ihren eigenen Bilderbuchwerken mitunter sehr originelle Ideen frei.

Bilderbücher eignen sich auch hervorragend als Spiel- und Betätigungsobjekte. Nach dem Erfassen der Inhalte ermuntern sie Kinder zum Rollenspiel. Dass viele Kinder von selbst danach drängen, Ereignisse und Figuren beliebter Bilderbücher nachzuformen, ist hinreichend bekannt.

Hier einige konkrete Vorschläge:

- Wir blättern gemeinsam mit dem Kind ein Bilderbuch durch. Das Kind stellt Fragen, wir antworten.
- Wir erzählen beim nächsten Mal die Geschichte in Kurzform. Die dargestellten Bilder werden auf Fragen des Kindes hin erklärt.
- Einige Tage später erzählen wir die Geschichte wieder und lassen uns vom Kind die dargestellten Situationen beschreiben.
- Der Text wird vorgelesen. Der Sachverhalt wird vom Kind anhand der Bilder erkannt.
- Das Kind erzählt die Geschichte anhand der Bilder.
- Personen und Tiere der Handlung werden im Stuhlkreis von mehreren Kindern pantomimisch und akustisch wiedergegeben (z. B. bellen wie ein Hund, krähen wie ein Hahn, hüpfen wie ein Frosch).
- Die in den Bildvorlagen und Bilderbüchern dargestellten Personen, Tiere, Landschaften, Häuser und Situationen werden gemalt.

Töne sichtbar machen, Musik aus dem Küchenschrank, Wasserklänge, Nervensäge und Ballon mit Ohren — Spiele zur auditiven Wahrnehmung

Spiele zur auditiven Wahrnehmung verdeutlichen den Kindern, welche Fähigkeiten ihr Hörorgan Ohr besitzt: Es nimmt Geräusche, Töne und Klänge wahr und kann sie unterscheiden.

Die Schulung des Gehörs bietet vielfältige spielerische Übungen mit akustischen Materialien im weitesten Sinne. Bei einer Reihe von Spielen stehen Exploration und Klangerzeugungsversuche im Vordergrund.

Die Pädagogin sollte die kindlichen Aktivitäten – wo notwendig – sprachlich begleiten: Schallquellen von den Kindern benennen lassen, Klang erzeugende Aktionen verbalisieren und emotionale Eindrücke bestimmter Klänge besprechen.

Auditive Wahrnehmungsspiele wirken besonders motivierend auf Kinder. Nicht zuletzt, weil das Ausmaß der Beeinflussung durch die akustische Umwelt in den letzten Jahren um ein Vielfaches angestiegen ist und Kinder Tag für Tag mit unzähligen Lauten und Geräuschen konfrontiert werden.

Zu den wichtigsten Übungszielen auditiver Wahrnehmungsförderung gehören:

- Verbesserung der Orientierungsfähigkeit,
- Erkennen und Unterscheiden akustischer Reize (Lautdiskriminierung und akustische Differenzierung),
- Genaues (bewusstes) Zuhören (z. B. beim Ausführen von Aufträgen),
- Herstellen und Erproben von Geräuschen und Klangquellen,
- Räumliche Orientierung durch genaues Zuhören,
- Zeichnerische (malerische) Umsetzung von erlebten Klangreizen (Musik/Stimme),
- Bewusstes Erfahren akustischer Veränderungen,
- Anregung zum spontanen Sprechen,
- Selbstständiges, kritisches Denken (Zusammenhänge erkennen),
- Wortschatzerweiterung,
- Förderung der Fantasie und der Vorstellungsfähigkeit.

Raumklänge und Geräuschwellen

| | | ab 5 Jahren | | 10–20 Kinder |

Material: siehe Spielverlauf
Geförderte Kompetenzen: bewusstes Erleben eigener „Körperinstrumente",
Herstellen und Erproben von Geräuschen und Klangquellen, erkennen und
unterscheiden können, Experimentier- und Spielfreude

Die Kinder gehen gelöst durch den Raum und versuchen dabei,
Geräusche, Töne und Klänge ohne Hilfsmittel zu erzeugen. Was
kann ich alles mit meiner Stimme machen? Krächzen, husten, fis-
teln, prusten, seufzen, pfeifen, hauchen, röcheln usw. Die Stimmen
gehen durcheinander. Die Möglichkeiten sind fast unbegrenzt.

Nach einiger Zeit schließen sich die Kinder zu einem Kreis zusammen. Geräusche und Töne werden im Kreis weitergegeben.
Hierbei kommt es auf das aufeinander Hören an. Jeder Spieler lässt
einen Ton oder eine Tonfolge erklingen (hoch, tief, laut, leise), bis
eine ganze „Tonwolke" durch den Raum schwebt. Die Spieler können sich gegenseitig unterstützen, einen Ton übernehmen, darauf
aufbauen, verändern, neu ansetzen, ihn ausklingen lassen.

Durch Abklopfen des Körpers mit der flachen, gespreizten oder
hohlen Hand werden Laute und Geräusche erzeugt.

Alle Kinder sitzen nun auf dem Boden und erzeugen mit den
Händen, Fingerkuppen, Fingernägeln eine regelrechte Geräuschwelle, die sich über Stühle, Tische, Wände und Türen fortbe-
wegt. Die Geräuschwelle kann sich verändern, lauter oder leiser
werden, langsam anschwellen und wieder abklingen. Immer neue
Möglichkeiten lassen sich entdecken, wenn die bisher versuchten
Klang- und Geräuscherzeugungen gemischt werden.

Die Pädagogin gibt, soweit notwendig, Impulse, regt die Kinder
zum Probieren und bewussten Wahrnehmen der Klangmöglichkeiten an und bremst dort, wo Einzelne mit einem Übermaß an Lautstärke über die Stränge „schlagen".

Pssst ... ganz leise!

Material: 10 Teller
Geförderte Kompetenzen: Wahrnehmung (genaues Zuhören), Feinmotorik, Konzentrationsfähigkeit

Die Pädagogin spricht ruhig zu den Kindern: „Stellt euch vor, in unserem Raum schläft jemand, der auf keinen Fall geweckt werden darf. Es müssen aber unbedingt zehn Teller aufeinandergestellt werden." Aus dem Kreis wird ein Kind benannt, das nun ganz leise die Teller stapelt. Sofern ein Kind aus dem Kreis etwas hört, hebt es die Hand hoch, ohne jedoch zu sprechen. Ist der Vorgang beendet, kommt ein anderes Kind an die Reihe.

Geflüsterte Namen

Material: keines
Geförderte Kompetenzen: aufmerksames Zuhören, Konzentrationsfähigkeit, Wahrnehmung

Um aufmerksames, genaues Zuhören geht es auch in diesem Spiel, für das die Kinder in zwei Gruppen aufgeteilt werden und sich im Raum an zwei gegenüberliegenden Wänden aufstellen. Ein Kind flüstert den Namen eines Kindes aus der anderen Gruppe und setzt sich. Das aufgerufene Kind flüstert nun ebenfalls einen Namen und setzt sich. Die Pädagogin achtet darauf, ob alle Kinder gut hören können.

Versteckter Wecker

| | | ab 3 Jahren | | 10–20 Kinder |

Material: 1 Wecker
Geförderte Kompetenzen: motorische Geschicklichkeit, Reagieren auf akustische Reize, Konzentrationsfähigkeit, räumliche Orientierung

Die Pädagogin sagt den Kindern, dass es bei diesem Spiel mäuschenstill zugehen muss. Es sollte deshalb eine entsprechend günstige Situation im Tageslauf gewählt werden. Jeweils ein Kind lässt sich freiwillig die Augen verbinden. Es kniet sich nieder und versucht, einen in etwa drei Meter Entfernung stehenden (mechanischen) Wecker zu finden. Die Hände sollen bei der Suche nicht benutzt werden.

Musikalische Suche

| | | ab 3 Jahren | | 8–20 Kinder |

Material: beliebiger Gegenstand
Geförderte Kompetenzen: Laut-leise-Unterscheidung, Konzentrationsfähigkeit, räumliche Orientierung

Wir haben einen Gegenstand versteckt. Ein Kind muss ihn suchen, und zwar nach einer bekannten Melodie, die der Kreis singt. Wird leise gesungen, so ist das Versteck weit weg vom Suchenden. Je näher das Kind an das Versteck herankommt, desto lauter wird das Lied gesungen.

Musik aus dem Küchenschrank

 ab 3 Jahren   2–20 Kinder

Material: siehe Spielverlauf
Geförderte Kompetenzen: Herstellen und Erproben von Klangquellen und Geräuschen, Differenzierung, Lautdiskriminierung, bewusstes Erfahren akustischer Veränderungen

Wenn es darum geht, x-beliebige Gegenstände – z. B. aus der Küche oder dem Haushalt – als Musikinstrumente zu verwenden, so sind Kinder hier besonders fantasievoll.

Der erste Lärm, der dann mit Kochlöffeln, Töpfen und Plastikschüsseln erzeugt wird, sollte im Elternhaus – Geduld und strapazierfähige Nerven werden vorausgesetzt – aufgefangen werden.

Der Erwachsene füllt Pappschachteln (z. B. leere Milchtüten), Joghurtbecher und Dosen mit Erbsen, Bohnen, Linsen, kleinen Steinen, harten Bonbons, Holzstückchen, Reis usw. Allein oder in der Gruppe geschüttelt, entstehen eindrucksvolle Klänge. Die Pädagogin spricht mit den Kindern über die gemeinsamen Geräuschwahrnehmungen und Klangerlebnisse.

Variation: Streichholzschachteln mit unterschiedlicher Füllung ergeben völlig unterschiedliche Klangkörper.

Klänge hinter meinem Rücken

  ab 3 Jahren  2–20 Kinder

Material: Gegenstände, z. B. Glas, Schlüssel, Löffel, Papier
Geförderte Kompetenzen: erkennen und unterscheiden können akustischer Reize und Klangquellen, Spielfreude

Alle Kinder sitzen mit dem Rücken zur Pädagogin. Sie dürfen sich nicht umdrehen. Hinter ihnen raschelt die Pädagogin mit Papier, lässt einen Schlüsselbund fallen, klopft mit einem Teelöffel an eine Tasse, zählt Münzen, drückt auf einen Locher, spitzt einen Bleistift an usw. Die Kinder sollen erraten, was sie eben gehört haben.

Variation: Die Pädagogin schlägt mit einem Kochlöffel gegen verschiedene Gefäße: Pfannen, Töpfe, Gläser, Flaschen, Tassen, Dosen, Blumentöpfe usw.

„Tonräume" darstellen

| | ab 5 Jahren | | 8–20 Kinder |

Material: keines
Geförderte Kompetenzen: Herstellen und Erproben von Geräuschen und Klangquellen, räumliche Orientierung durch genaues Zuhören, Fantasie und Vorstellungsfähigkeit, Spielfreude

Die Kinder bilden Kleingruppen (vier bis fünf Personen). Sie haben die schwierige Aufgabe, einen bestimmten Raum mithilfe von Tönen genau vorstellbar zu machen. Solche „Räume" können z.B. ein Bahnhof, ein Jahrmarkt, Supermarkt oder Fußballplatz sein.

Für die Darstellung sollen die Kinder keine ganzen Worte benutzen, sondern typische Klänge erzeugen, wie z.B. das Einfahren eines Zuges, das Gemurmel wartender Fahrgäste, den Klang einer unverständlichen Lautsprecherdurchsage. Bei der Vorstellung der einzelnen Kleingruppenergebnisse müssen die übrigen Mitspieler versuchen, den dargestellten „Erlebnisraum" möglichst genau zu orkennen und zu beschreiben.

Wasserklänge

	ab 3 Jahren		2–20 Kinder

Material: siehe Spielverlauf

Geförderte Kompetenzen: Herstellen und Erproben von Geräuschen und Klangquellen, akustische Wahrnehmung, Experimentierfreude, Fantasie, Differenzierung

Bei schönem Wetter stellen wir den Kindern im Freien verschiedene Wasserbehälter zur Verfügung, die mit Wasser gefüllt werden können oder leer bleiben, und veranstalten ein variationsreiches, feuchtfröhliches Konzert.

Als Behälter eignen sich z.B. verschiedene Becher, Eimer, Plastikgießkannen, Schüsseln, Flaschen und Plastikschläuche.

Orchesterwerkstatt

	ab 5 Jahren		6–10 Kinder

Material: siehe Spielverlauf

Geförderte Kompetenzen: Herstellen und Erproben von Geräuschen und Klangquellen, Fantasie, Kreativität, Experimentierfreude, akustische Wahrnehmung, Differenzierung

Für die akustische Spielaktion legt die Pädagogin im Gruppenraum verschiedene Gegenstände aus: Flaschen, Kronkorken, Schüsseln, Waschmittelkartons, Zigarrenkisten, Glühbirnen, Zeitungspapier, Holzperlen, eine Fahrradfelge und andere Utensilien. Aus den verschiedenen Abfallmaterialien lassen sich schöne Instrumente herstellen, die sich zum Experimentieren und Musizieren eignen. Zum Beispiel in unterschiedlich große Flaschen blasen, sie mit Wasser füllen und mit einem Stock zum Klingen bringen (die Wassermenge bestimmt die Tonhöhe). Wir können Kronkorken, die mit einem Loch in der Mitte versehen werden, zu einem Rasselarmband zusammenbinden oder eine Fahrradfelge zum Lärminstrument umbauen, indem wir alles, was Geräusche erzeugen kann, dranhängen (Metallringe, Schlüssel, Perlen). Auch Rasseln lassen sich aus unterschiedlichen Materialien herstellen. Da gibt es Joghurtbecherrasseln: Joghurtbecher werden mit Sand, Erbsen, kleinen Steinen oder Holzstückchen gefüllt. Ein Papier wird mit Klebeband oder einer Schnur befestigt und fertig ist der Schüttelbecher. Auch aus einer ausgebrannten Glühbirne und Zeitungspapier lässt sich eine zünftige Rassel anfertigen: Die Glühbirne wird mit Kleisterpapierschnipseln in mehreren Schichten umklebt. Das Ganze muss trocknen und kann dann bemalt werden. Anschließend wird die Glühbirne auf den Boden geworfen, damit das Innere zerplatzt und das Glas in der Papphülle rasselt.

Aus alten Waschmittelkartons, die wir an der Öffnung mit fester Folie überziehen, können wir mit den Kindern Trommeln herstellen. In kleine Blumentöpfe hängen wir dicke Holzperlen und benutzen sie als Glockenspiel.

Als Zupfinstrumente eignen sich alte Eierschneider, gereinigte Kämme (zusammen mit Butterbrotpapier auch als Blasinstrument) und verschiedene in einen Holzblock geschlagene Nägel, die mit Nylonschnüren bespannt werden.

Für ein Tamburin benötigen wir einen stabilen, esstellergroßen Papp- oder Holzdeckel, um dessen dicken Rand ein Kranz mit auf Band aufgezogenen Kronkorken befestigt wird.

Der zweite Teil der „Orchesterwerkstatt" gilt dem intensiven Ausprobieren und Experimentieren. Die Kinder entdecken die Klangmöglichkeiten ihrer Instrumente. Sie erproben unterschiedliche Lautstärken, tauschen ihre Klangerzeuger aus und finden sich in einem Orchester zusammen, das die verschiedenen Geräusche und Klänge in einem gemeinsamen Klangerlebnis vereint.

Auf leisen Sohlen

| | | ab 3 Jahren | | 6–20 Kinder |

Material: keines
Geförderte Kompetenzen: (akustische) Wahrnehmung, sich leise bewegen können

Die Kinder sitzen im Kreis. Alle halten ihre Augen geschlossen. Die Pädagogin ruft ganz leise ein Kind mit Namen. Das betreffende Kind steht auf und kommt so leise wie möglich auf die Pädagogin zu. Wer laut ist, setzt sich wieder hin und wartet so lange, bis sein Name wieder gerufen wird.

Musik von der Stange

ab 3 Jahren   6–20 Kinder

Material: Stange, alte Töpfe, Deckel, Backbleche, leere Waschmittelkartons, zwei Plastikgießkannen, Geräuschbüchsen, drei Plastikrohre
Geförderte Kompetenzen: Erproben von Klangquellen, Spielfreude

An einer bestimmten Ecke des Spielgeländes hängen an einer Stange bzw. einem Balken alte Töpfe, Deckel, Backbleche, leere Waschmittelkartons, zwei Plastikgießkannen, Geräuschbüchsen, drei Plastikrohre. Alle Kinder sind eingeladen, Klänge zu erzeugen, Krach und Musik zu machen.

Geräusche hinter der Wand

ab 5 Jahren   8–20 Kinder

Material: 1 Laken (Stellwand), Papier, Schreibzeug
Geförderte Kompetenzen: erkennen und unterscheiden können akustischer Reize, Vorstellungsvermögen, Fantasie, Kreativität, Spielfreude

Für dieses Spiel benötigen wir eine Stellwand oder ein zwischen Zuhörern und Akteuren gespanntes Tuch (z. B. in einer geöffneten Tür). Eine Gruppe führt nun der anderen Geräusche einer kurzen Handlung vor, die von den Hörern erraten werden müssen.

Beispiele: Beim Zahnarzt, auf dem Bahnhof, im Krankenhaus, beim Masseur, in einer Hotelküche, beim Friseur usw. Die Hörer machen sich Notizen. Welche Handlungen wurden erkannt?

Suche mit Musik

Material: kleine Geschenke zum Verstecken (Obst, Schokolade, Spielzeug), Flöte (oder Xylophon, Mundharmonika)
Geförderte Kompetenzen: akustische Wahrnehmung, reagieren auf verschiedene Tonstärken, differenzieren, erkennen, vergleichen können

Die Pädagogin versteckt im Raum einen Gegenstand. Die Kinder suchen ihn. Eine Suchhilfe ist dabei die Begleitung auf einem Musikinstrument (Xylophon, Blockflöte, Mundharmonika). Durch An- und Abschwellen von piano zu forte erfährt das Kind, wie weit es vom Versteck entfernt ist.

Wie heißt das Lied?

Material: keines
Geförderte Kompetenzen: akustische Wahrnehmung, Rhythmusgefühl, unterscheiden können, Spielfreude

Die Kinder sitzen im kleinen Kreis. Die Pädagogin klopft ganz leise den Rhythmus eines der Gruppe bekannten Liedes. Jedes Kind, das glaubt, das Lied zu kennen, darf leise (!) mitklatschen.

Wenn alle das Lied erkannt haben, klatscht derjenige den Rhythmus eines Liedes, der das vorherige als Erster erkannt hat.

Orgelpfeifen

Material: 1 Tuch
Geförderte Kompetenzen: genaues Zuhören, erkennen können, räumliche Orientierung, rücksichtsvoller Umgang miteinander

Um genaues Zuhören und rücksichtsvollen Umgang miteinander geht es hier.

Ein Kind ist der „Organist", ihm werden die Augen verbunden. Die Mitspieler übernehmen die Aufgabe von „Orgelpfeifen" und sitzen auf ihren Stühlen.

Der „Organist" geht von einem Mitspieler zum anderen und zupft jeden vorsichtig an der Nase (oder am Ohr).

Daraufhin gibt die „Orgelpfeife" dreimal einen Ton von sich. Der „Organist" muss raten, wie die „Orgelpfeife" heißt. Hat er richtig geraten, werden die Rollen getauscht.

Blinder Kurier

Material: Tuch oder Augenbinde
Geförderte Kompetenzen: Reaktionsfähigkeit, Konzentration, Motorik, Schnelligkeit, Wahrnehmung (tasten)

Alle Mitspieler bis auf einen sitzen im Kreis. In diesem Kreis befindet sich ein Kurier, dem die Augen verbunden sind. Jeder Mitspieler bekommt den Namen einer Stadt (z. B. Hamburg, Lübeck, Kiel, München, Berlin, Frankfurt, Flensburg, Köln). Der Kurier kündigt nun einen Brief an: „Ein Brief von Lübeck nach München!" Die Spieler, die diese Städtenamen haben, müssen nun möglichst schnell und leise die Plätze tauschen. Während sie an dem Kurier vorbeigehen, müssen sie ihn anticken, ohne von ihm geschnappt zu werden. Wer erwischt wird, löst den Kurier ab. Die Pädagogin achtet darauf, dass kein Kind zu lange im Kreis stehen bleiben muss.

Liederpotpourri

ab 4 Jahren

4–10 Kinder

Material: Musik
Geförderte Kompetenzen: akustische Wahrnehmung, Konzentration, differenzieren, Merkfähigkeit, Melodien erkennen, Spielfreude

Einige Melodien werden in einem Potpourri von der Pädagogin kurz angespielt. Wer kann anschließend die meisten Melodien richtig benennen? Es ist besonders darauf zu achten, dass die Auswahl und die Anzahl der vorgestellten Melodien dem geistigen Auffassungsvermögen der Spielgruppe entsprechen.

Pulsschlagmusik

ab 5 Jahren

6–10 Kinder

Material: Wecker, CD-Player
Geförderte Kompetenzen: Erfassen und Begleiten des Grundschlags, motorische Geschicklichkeit, (akustische) Wahrnehmung

Alle Kinder sitzen ganz leise im Stuhlkreis. Sie fühlen ihren eigenen Pulsschlag. Jetzt stellt die Pädagogin einen Wecker in die Kreismitte. Die Kinder klopfen die wahrgenommenen Impulse leicht auf den Boden.

In einer weiteren Spielphase kann ein CD-Player eingesetzt werden. Die Musik mit verschiedenen Rhythmen wird von den Kindern durch Klopfen des gefundenen gleichen Grundschlags begleitet.

Nervensäge

| | | ab 4 Jahren | | 8–20 Kinder |

Material: Tuch, mit Knöpfen oder Erbsen gefüllte Dose
Geförderte Kompetenzen: akustische Wahrnehmung, Konzentration, räumliche Orientierung, Reaktionsfähigkeit

Wir bilden einen Kreis. Ein Kind steht mit verbundenen Augen in der Mitte. Ein anderes Kind erhält eine mit Knöpfen (oder harten Erbsen) gefüllte Dose und muss diese rasch und laut schütteln. Das Kind in der Kreismitte zeigt auf das Kind, von dem es glaubt, dass es die „Nervensäge" ist. Dieses aber hat die Dose längst einem anderen Kind weitergereicht, das sie wiederum schüttelt. So hat es der Sucher schwer, die „Nervensäge" zu finden. Gelingt es ihm aber, muss die „Nervensäge" mit ihm den Platz tauschen.

Wasserhörspiel

| | | ab 4 Jahren | | 4–6 Kinder |

Material: Wasser, unterschiedlich große Gefäße, Trichter, Strohhalme, Steinchen, Kassettenrekorder
Geförderte Kompetenzen: Experimentierfreude, Herstellen unterschiedlicher Geräusche, Fantasie, akustische Wahrnehmung, Umgang mit Medium

Die Kinder sitzen am Tisch, der Spritzwasser vertragen muss. Mit verschiedenen Materialien und Gefäßen probieren sie nun aus, welche Klänge sich erzeugen lassen. Von den unterschiedlich wahrgenommenen Geräuschen und Klängen machen die Kinder eine Kassettenaufnahme. Wie wirken dann die abgespielten Geräusche?

Farbige Klangbilder

| | ab 5 Jahren | 4–8 Kinder |

Material: je Kind 1 großer Malbogen (DIN A2), Kleister, Erdfarben, Wasserfarben, Pinsel, Schuhcreme, alte Gabel, Kamm, Kassettenrekorder
Geförderte Kompetenzen: genaues Zuhören, Rhythmusgefühl, Fantasie, akustische und taktile Wahrnehmung, malerische Umsetzung von Klangreizen

Musik, Rhythmus und Bewegung lassen sich nicht nur im Tanz zum Ausdruck bringen, sondern auch als Form und Farbe empfinden und ausdrücken. Wir können mit den Kindern interessante „Klangbilder" herstellen, in denen die wahrgenommenen Klänge ausgelegt und sichtbar gemacht werden. Hierfür erhält jedes Kind einen großen Malbogen (oder ein Stück von der Tapetenrolle), der mit angerührtem Kleister eingestrichen wird. Als Stimulans wird vom Kassettenrekorder eine rhythmusbetonte Musik gespielt. Jedes Kind erhält nun zwei beliebige Erdfarben, die auf der Malunterlage mit den Fingern vermischt und vermalt werden (taktile Wahrnehmung). Dabei überlassen sich die Kinder ganz dem Rhythmus der wahrgenommenen Musik.

Variationen: Statt Erdfarben werden direkt auf den Kleister mit Wasserfarben Muster oder Streifen gemalt. Nach dem Trocknen kann das Bild mit farbloser Schuhcreme bemalt werden. Es erhält so einen besonderen Glanz.

Das Spiel lässt sich auch mit nur einer Farbe durchführen, wobei mit Kämmen, Gabeln oder Teigrädchen Muster eingesetzt werden.

Zeichnen nach Gehör

ab 5 Jahren   2–8 Kinder

Material: je Kind kariertes Papier, Bleistift und 1 Blatt Papier zum Abdecken
Geförderte Kompetenzen: Konzentration, räumliche Orientierung, Feinmotorik

Bei diesem Spiel sollen die Kinder nach Anweisung zeichnen. Jedes markiert an einer festgelegten Stelle den Ausgangspunkt der Zeichnung. Die Pädagogin gibt Anweisungen, was auf dem karierten Papier zu zeichnen ist, z. B.: „Zeichne vom Ausgangspunkt einen Strich zwei Kästchen nach unten, dann zwei Kästchen nach links, dann wieder zwei Kästchen nach unten" usw. Dabei hält jedes Kind ein Abdeckblatt vor, um zu verhindern, dass der Nachbar etwas sehen kann. Am Ende wird verglichen, ob alle die Zeichnung richtig ausgeführt haben.

Sichtbare Töne

ab 4 Jahren   2–10 Kinder

Material: je Kind 1 Joghurtbecher, Luftballons, Gummiband, Schere, Salz, Flöte
Geförderte Kompetenzen: Herstellen und Erproben von Klangquellen und Geräuschen, bewusstes Erfahren akustischer Veränderungen

Die Pädagogin erzählt den Kindern, dass man Töne wirklich sichtbar machen kann. Für dieses kleine Experiment erhalten die Kinder einen Joghurtbecher, der zuvor von der Pädagogin eingeschnitten wurde. Über die obere Öffnung spannen die Kinder einen zerschnittenen Luftballon, der mit einem Gummiring befestigt wird. Gegebenenfalls helfen wir dabei.

Die Pädagogin: „Wenn ihr jetzt in die seitliche Öffnung sprecht, dann wird die Gummibespannung wie bei eurem Trommelfell im Ohr in Schwingungen versetzt."

Besonders anschaulich lassen sich die Töne sichtbar demonstrieren, wenn wir auf die Bespannung einige Salzkörner legen. Sprechen wir in den Becher, so tanzen die Körner. Blasen wir mit einer Flöte auch nur einen einzigen Ton hinein, bildet sich auf dem künstlichen „Trommelfell" ein ganz bestimmtes Muster ab.

Dirigentenspiel

		ab 3 Jahren		8–20 Kinder

Material: siehe Spielverlauf
Geförderte Kompetenzen: erkennen und unterscheiden können (laut/leise), bewusstes Erfahren akustischer Veränderungen, Konzentrationsfähigkeit, Reaktionsvermögen

Alle sitzen im Stuhlkreis und stellen ein Orchester bei der Probe dar. Die Kinder murmeln, summen, pfeifen oder klatschen ganz leise in die Hände oder trampeln ganz leise mit den Füßen. Die Pädagogin gibt ein Zeichen mit der Hand. Je nachdem, ob sie ihre Hand hochhebt oder ganz tief unten hat, werden die Geräusche lauter oder leiser. Vor Spielbeginn wird auch ein Zeichen für Stille ausgemacht. Die ganze Gruppe muss aufmerksam sein, denn die mit der Hand gezeigten Nuancen sollen so gut wie möglich wiedergegeben werden. Abwechselnd kann auch ein Kind „Dirigent" sein und die Handzeichen geben.

Geräusche vom Band

Material: Kassettenrecorder
Geförderte Kompetenzen: bewusstes, genaues Zuhören, Spielfreude

Wir setzen den Kassettenrekorder ein und lassen aufgenommene Geräusche raten (Straßenverkehr, Schreibmaschine, Telefon, Türklingel, Küchenmixer, Tierstimmen usw.).

Telefonitis mit Dosen

Material: siehe Spielverlauf
Geförderte Kompetenzen: genaues Zuhören, Spielfreude

Sollten sich leere Dosen auffinden, so können wir sie gründlich reinigen, ein Loch in die Mitte des Bodens bohren und ein Band mit einem Knoten am Ende darin befestigen.

Mit dem guten alten Dosentelefon lässt sich auch im Handy-Zeitalter tatsächlich von Raum zu Raum über eine Entfernung von ca. zehn Metern „telefonieren". Das Dosentelefon bietet zu Hause wie in Kindergarten und Hort viele Anlässe für Rollenspiele und Gespräche. Man muss schon genau zuhören, um den Gesprächspartner am anderen Ende der Leitung zu verstehen.

Gruppengeflüster

  ab 4 Jahren  8–20 Kinder

Material: keines
Geförderte Kompetenzen: genaues, konzentriertes Zuhören, deutliches Sprechen (Flüstern)

Es werden zwei Gruppen gebildet. Die eine Gruppe flüstert ähnlich klingende Wörter, die in etwa drei Meter Entfernung von der anderen Gruppe wiederholt werden müssen. Dann wird gewechselt.

Beispiele: Müller, Mütter, Mühle, wühlen, Stühle – sagen, Magen, fragen, klagen, schlagen – Säule, Keule, Beule, heulen, Eulen.

Baumtelefon

 ab 3 Jahren 2–10 Kinder

Material: keines
Geförderte Kompetenzen: Konzentrationsfähigkeit, akustische Wahrnehmung

Die Natur bietet viele Hörerlebnisse. Zum Beispiel bei einem Waldspaziergang. Gefällte Bäume weisen viele Spuren ihrer ehemaligen und jetzigen Bewohner auf. Meisen-, Star- und Spechthöhlen sind zu entdecken.

Wie sich die Tiere, die in diesen Baumhöhlen leben, vor anderen Tieren schützen können, zeigt das „Baumstammtelefon". An jedem Ende des Baumes steht ein Kind. Ein Kind legt das Ohr an den Baumstamm, das andere kratzt oder klopft daran. Die Geräusche sind deutlich am anderen Ende des Baumes zu hören. So hört auch der Specht rechtzeitig, dass der Marder kommt, und flieht.

Waldgeräusche

ab 3 Jahren — 2–20 Kinder

Material: Kassettenrekorder/CD-Player, Aufnahmen mit Waldgeräuschen
Geförderte Kompetenzen: genaues Zuhören, Konzentrationsfähigkeit, differenzieren, erkennen, benennen können

Die Pädagogin stellt einen Kassettenrekorder mit Aufnahmen von Vogelstimmen und anderen Waldgeräuschen auf den Tisch oder in die Stuhlkreismitte. Die Kinder hören Waldgeräusche und versuchen, sie zu identifizieren.

Wer Schwierigkeiten hat, diese Aufnahmen selbst zu machen, kann entsprechende Hörangebote im Fachhandel besorgen.

Hoch und tief

ab 4 Jahren — 10–20 Kinder

Material: Flöte, CD-Player
Geförderte Kompetenzen: genaues Zuhören, Übertragung der Töne in Bewegungsabläufe, Differenzieren hoher und tiefer Töne, erkennen können

Die Kinder gehen frei im Raum umher. Die Pädagogin spielt auf der Flöte (oder vom CD-Player) verschiedene hohe und tiefe Töne. Die Höhe der Töne soll von den Kindern durch Bewegungen dargestellt werden, indem sie sich bei hohen Tönen sehr hoch recken und bei tiefen Tönen in die Hocke gehen und sich zusammenkauern.

Variation: Alle Kinder „wachsen" mit der Tonleiter.

Reisebericht

Material: keines
Geförderte Kompetenzen: aufmerksames Zuhören, Konzentrationsfähigkeit,
Reaktionsvermögen

Die Kinder müssen sehr aufmerksam zuhören, wenn die Pädagogin
eine ausgedachte Geschichte von einer Reise erzählt, in der so viele Dinge und Personen vorkommen, wie die Gruppe Kinder hat,
und die möglichst oft und schnell wechselnd auftauchen. Zu Beginn erhält jedes Kind eine Rolle (z. B. „Du bist die Eisenbahn; du
bist das Wasser; du bist der alte Mann; du bist die Parkbank" usw.).
Jetzt erzählt die Pädagogin ihre Geschichte. Immer, wenn eine Rolle in der Geschichte genannt wird, steht das betreffende Kind auf,
dreht sich einmal um sich selbst und setzt sich wieder hin. Wer
seine Rolle überhört hat, setzt sich vor seinen Stuhl und kann erst
wieder auf ihm Platz nehmen, wenn seine Rolle erwähnt wird.

Mit Geräuschen durchs Gelände

Material: siehe Spielverlauf
Geförderte Kompetenzen: aufmerksames Zuhören, Konzentrationsfähigkeit,
Reaktionsvermögen, zuordnen, differenzieren können

Die Kinder bekommen, nachdem sie in zwei Gruppen geteilt worden sind, Geräuschinstrumente in die Hand. Mit diesen Instrumenten müssen sich die Kinder der ersten Gruppe im Gartengelände
(Hortkinder auch im Wald) verstecken. Immer, wenn sie langsam
und leise bis zehn gezählt haben, geben sie ein Geräusch von sich.
Die zweite Gruppe orientiert sich an den musikalischen Signalen

und sucht die erste Gruppe. In einer weiteren Spielrunde erfolgt Rollenwechsel.

Melodische Tore

Material: keines
Geförderte Kompetenzen: Konzentrationsfähigkeit, sinnliche Wahrnehmung, räumliche Orientierung, singen können

Alle Kinder schließen die Augen. In Paaren verteilen sie sich auf der Spielfläche und bilden vier Tore, indem sie sich ihre ausgestreckten Hände reichen. Jedes Tor singt eine andere Melodie. Die Aufgabe lautet nun, dass jeweils ein „Blinder" durch alle vier Tore geht, ohne eines zu berühren.

Stille Umkreisung

Material: keines
Geförderte Kompetenzen: genaues, konzentriertes Zuhören, Spielfreude

Die Kinder sitzen mit geschlossenen Augen im Kreis. Die Pädagogin geht leise im Kreis herum und stößt ein Kind an. Das Kind steht leise auf und geht ganz vorsichtig im Kreis herum. Dann setzt es sich wieder auf seinen Platz. Alle raten nun, welches Kind im Kreis herumgelaufen ist.

Flüsterkreis

Material: keines
Geförderte Kompetenzen: genaues Zuhören, deutliches Sprechen (Flüstern),
Spielfreude

Die Kinder sitzen im Kreis. Die Pädagogin flüstert ihrem rechten
Nachbarn einen kurzen Satz (oder ein Wort) ins Ohr, den dieser
ohne Rückfrage so weitersagen muss, wie er ihn verstanden hat.
Der Satz wandert nun im Kreis herum, bis er wieder bei der Pädagogin angekommen ist, die dann das Ergebnis verkündet. Oft hat
das Angekommene mit dem Ausgangssatz nicht mehr viel zu tun.

Ruhe

Material: Zeitungen
Geförderte Kompetenzen: entspannen, zur Ruhe kommen

Ein Spiel, mit dem wir die Kinder zur Ruhe führen: Die Pädagogin
gibt jedem Mitspieler ein Zeitungsblatt aus. Die Kinder halten ihr
Zeitungsblatt an zwei Ecken einer Längskante, fächeln damit leicht
durch die Luft und lauschen den Geräuschen, die sich nicht ganz
vermeiden lassen.

Regenwetter

Material: je Kind 1 Blecheimer oder 1 große Dose
Geförderte Kompetenzen: Herstellen und Erproben verschiedener Geräusche, Erkennen und Unterscheiden akustischer Reize, Spielfreude

Die Pädagogin erzählt eine Regengeschichte, in der Nieseln, starker Regen, Donner, Hagel usw. vorkommen. Dazu erzeugen alle Kinder auf dem Boden ihres umgedrehten Blecheimers die jeweiligen Geräusche mit den Fingern bzw. mit der Hand.

Die Kinder hören, dass der blecherne Ton den tatsächlichen Wettergeräuschen verblüffend ähnelt.

Ballon mit Ohren

Material: 2 aufgeblasene Luftballons, kleine Bildkarten
Geförderte Kompetenzen: genaues, konzentriertes Zuhören, motorische Geschicklichkeit, Reaktionsvermögen, erkennen können

Die Kinder sitzen im Stuhlkreis. In der Mitte der Spielfläche stehen mindestens drei Schritte voneinander entfernt zwei Teilnehmer. Jeder hält seine Ohrmuschel dicht an seinen Luftballon. Die Partner der beiden Ballonhörer eilen auf ein Startzeichen zur Pädagogin und deren Gehilfen. Sie bekommen dort eine Karte gezeigt, auf der ein Gegenstand abgebildet ist. Dann laufen sie zu ihrem Spielpartner und flüstern – die Lippen dicht am Ballon – den gemerkten Gegenstand gegen die Ballonhülle. Dies geschieht so leise, dass keiner im Raum die Worte hört. Wer von den Spielpartnern die geflüsterten Worte zuerst wiederholt hat, ist Sieger.

Stimmen erleben

Material: keines
Geförderte Kompetenzen: Herstellen, Erkennen und Unterscheiden von Lauten, Experimentieren mit der eigenen Stimme, Spielfreude

Wir probieren aus und hören, was unsere Stimme alles kann:

- Sprechen (hoch, tief, laut, leise, schrill, quäkig),
- Singen (hoch/tief, laut/leise),
- Flüstern – schreien – brummen – summen – schnalzen – pfeifen – muhen, bellen, miauen usw.

Hör den Rhythmus!

Material: Handtrommel (eventuell)
Geförderte Kompetenzen: räumliche Orientierung, genaues Zuhören, Konzentrationsfähigkeit, Reaktionsvermögen, Zahlenkenntnis

Die Kinder laufen, hüpfen oder springen auf einen gegebenen Rhythmus (Klatschen oder Handtrommel) frei im Raum umher. Auf ein Signal der Pädagogin (z. B. durch Trillerpfeife) hin bilden die Kinder blitzschnell einen Kreis.

Zu Beginn des Spiels kann ein bestimmtes Signal ausgemacht werden, z. B. Kette bilden = zweimal pfeifen, Schlange = dreimal pfeifen, Reihe = viermal pfeifen usw. Gemeinsam kann mit den Kindern überlegt werden, welche Gruppierungsformen sich noch bilden lassen.

Variation: Statt des Händeklatschens und der Handtrommel wird die Stimme eingesetzt.

Rekorderspiele

Material: CD-Player oder Kassettengerät mit Geräuschaufnahmen
Geförderte Kompetenzen: Erkennen und Unterscheiden verschiedener Geräusche und Klangquellen, konzentriertes Zuhören, benennen und beschreiben können, Spielfreude

Der Kassettenrekorder erweist sich nach wie vor für eine ganze Reihe von akustischen Wahrnehmungsspielen als sehr hilfreiches Medium.

Einige Beispiele:

- Im Gruppenraum hat die Pädagogin einen Kassettenrekorder eingeschaltet, der ganz leise läuft. Wer findet ihn?
- Die Pädagogin spielt eine Reihe von Geräuschen ab. Beim zweiten Abspielen fehlt ein Geräusch oder ist gegen ein anderes ausgetauscht.

- Schwieriger: Künstlich erzeugte Umweltgeräusche müssen ebenso wie ihr Zustandekommen geraten werden. Welche Hilfsmittel wurden z.B. beim Pferdegetrappel und beim Regen benutzt?
- Noch schwieriger: Die Kinder sollen aufgenommene Körpergeräusche erkennen (z.B. Fingerklopfen, Händereiben, Zähnemahlen, Husten, Schmatzen, Nase schneuzen, Schnarchen, Essen, mit den Fingern schnalzen, jemand trinkt).

Die Geräusche sollten zweimal abgespielt werden.

Wie heißt mein Nachbar?

| | | ab 3 Jahren | | 8–20 Kinder |

Material: Augenbinden für die Hälfte der Spieler
Geförderte Kompetenzen: Aufmerksamkeit, Konzentrationsfähigkeit, Merkfähigkeit, singen können, Spielfreude

Alle Kinder sitzen im Stuhlkreis. Es wird zu zweien abgezählt. Während Nr. 1 auf dem Stuhl sitzen bleibt, steht Nr. 2 auf, verbindet dem linken Nachbarn die Augen (gegebenenfalls mithilfe der Pädagogin) und geht dann in die Kreismitte. Auf ein Zeichen der Pädagogin beginnen alle mit einem vorher verabredeten Lied. Während des Singens setzen sich die Kinder innerhalb des Kreises auf einen der freien Stühle und singen weiter mit.

Gibt die Pädagogin ein Zeichen, hören alle mit dem Singen auf. Jeder Sitzende muss nun den Namen seines linken Nachbarn sagen. Hat er ihn richtig geraten, werden die Plätze getauscht. Wenn nicht, bleibt er auch in der kommenden Runde noch im Kreis sitzen.

Dosenjagd

| | ab 4 Jahren | 10-20 Kinder |

Material: mit Erbsen gefüllte Becher/Dosen
Geförderte Kompetenzen: Erkennen und Unterscheiden akustischer Reize, Verbesserung der räumlichen Orientierungsfähigkeit, Konzentrationsfähigkeit, Spielfreude

Die Kinder bilden einen großen Kreis. Zwei gehen mit verbundenen Augen in die Mitte. In der Hand hält jedes eine Dose, die zu einem Drittel mit Erbsen (Linsen oder Reis) gefüllt ist. Einer der beiden Spieler ist der Fänger, der den anderen fangen soll. Die Rasseldosen verraten die Position, je nachdem, wie geschickt sich die beiden bewegen, und je nachdem, ob sie mit ihrer Dose lärmen wollen oder nicht.

Pfeifensuche

| | ab 3 Jahren | 10-20 Kinder |

Material: Trillerpfeife
Geförderte Kompetenzen: genaues Zuhören, akustisch-räumliche Orientierung, Reaktionsvermögen, Spielfreude

Die Kinder gehen frei im Raum umher. Ein Mitspieler bekommt — unauffällig für die anderen (!) — eine Trillerpfeife zugesteckt. Ein Kind hat nun die Aufgabe, die Pfeife zu entdecken. Der Spieler mit der Pfeife gibt immer wieder kurze Signale, bemüht sich jedoch, nicht entdeckt zu werden.

Akustischer Zeitungszauber

| | | ab 3 Jahren | | 8–20 Kinder |

Material: 1 Stapel Zeitungen
Geförderte Kompetenzen: Experimentieren, Improvisation, Herstellen und Erproben von Geräuschen, erkennen und unterscheiden können, Motorik

Um die Verbindung von Bewegungen und akustischen Reizen, Improvisation und Koordination geht es bei diesem Spiel. Alle sitzen im Stuhlkreis. Jedes Kind erhält von der Pädagogin eine Zeitung.

- Alle rascheln mit ihrer Zeitung.
- Die Hände drücken das Papier zusammen und ziehen es in wechselndem Rhythmus wieder auseinander. Mit der Zeit wird aus dem Durcheinander von Geräuschen ein konzertantes Miteinander.
- Durch rhythmisches Zusammendrücken und Auseinanderziehen der Zeitungspapiere erzeugen wir die akustische Illusion eines fahrenden Zuges. Die „Fahrt" kann langsam, dann immer schneller werdend verlaufen. Auf jeden Fall erleben die Kinder eine bewegte Bahnfahrt.
- Die wahrgenommenen Geräusche werden mit der Stimme nachgeahmt.
- Die Pädagogin gibt einen Rhythmus vor, nach dem die Kinder ihre Zeitungen bewegen.
- Es werden Lieder gesungen und durch die Zeitungsgeräusche begleitet.

Gemeinsam denken sich Pädagogin und Kinder neue Spiel-, Bewegungs- und Geräuschmöglichkeiten mit Zeitungen aus.

Mit Taktgefühl

| | | ab 3 Jahren | | 8–20 Kinder |

Material: Kassettenrekorder oder CD-Player mit rhythmusbetonter Musik
Geförderte Kompetenzen: Konzentrationsfähigkeit, Geräusche in Bewegungen umsetzen können, Rhythmusgefühl, Motorik

Geräusche hören und in Bewegungen umsetzen sind auch hier Spielintention.

Die Pädagogin sorgt für Musik und bittet die Kinder, im Takt durch den Raum zu gehen. Sie sollen sich einen oder mehrere Partner suchen und gemeinsam im Rhythmus der Musik weitergehen. Bricht die Musik ab, bleiben die Kinder unbeweglich stehen. Spielt sie weiter, führen die Paare bzw. Kleingruppen neue Aufgaben aus (z. B.: „Geht auf Zehenspitzen! Setzt euch hin! Legt euch schnell auf den Boden! Kauert euch eng zusammen! Stellt euch auf einen Stuhl!").

Küchen-Bigband

| | | ab 3 Jahren | | 2–12 Kinder |

Material: siehe Spielverlauf
Geförderte Kompetenzen: Sinneswahrnehmung, motorische Geschicklichkeit, Differenzierung, Experimentier- und Spielfreude

Aus verschiedenen Töpfen, Plastikschüsseln, Eimern und Kartons wird ein Schlagzeug zusammengestellt, aus gefüllten Wassergläsern machen wir ein Glockenspiel. Die Kinder finden heraus, welche der zur Verfügung gestellten Haushaltsgeräte sich noch zu Instrumenten umfunktionieren lassen.

Geruchsgalerie, City-Riechtour und großer Schmecktest — Spiele um den Geruchs- und Geschmackssinn

Riechen und Schmecken stehen in enger Verbindung zueinander. Jedoch ist die Sensibilität der Geruchsrezeptoren höher als die der Geschmacksrezeptoren. Das Kind weiß, dass es durch seine Nase verschiedene Gerüche, wie z. B. faulig, blumig, brenzlig oder würzig, aufnehmen kann. Es bezeichnet den Geruch von Stallmist als „Gestank", während Parfüm mit dem Wort „Duft" belegt wird.

Durch den Geschmackssinn können wir eine Reihe von Geschmacksrichtungen differenzieren, wobei es allerdings unmöglich ist, jeden Geschmackstyp einer bestimmten Klasse von Geschmacksrezeptoren zuzuordnen. Auf der Zunge lassen sich, was Kindergartenkindern zum Teil noch schwer fällt, vier primäre Geschmacksrichtungen unterscheiden: süß, salzig, sauer und bitter. Jedes Kind hat bereits einmal angenehme und unangenehme Erfahrungen mit seiner Zunge und dem Geschmackssinn gemacht.

Die Spielvorschläge bieten den Kindern Möglichkeiten, mit bekannten Empfindungen umzugehen und beim Riechen und Ausprobieren unbekannter Stoffe und Flüssigkeiten neue Sinneseindrücke und Erfahrungen zu sammeln. Bei der Durchführung spielerischer Übungen ist es wichtig, den Kindern vor Beginn Gelegenheit zu geben, die Geruchs- und Geschmacksgegenstände kennenzulernen und auch zu sagen, warum sie bestimmte Dinge nicht riechen bzw. schmecken mögen. Da der Geruchssinn nicht nur eine Lock-, sondern auch eine Warnfunktion hat, lässt sich die Aufmerksamkeit der Kinder auch auf mögliche Gefahren lenken, die im Riechen und Ausprobieren unbekannter Stoffe und Flüssigkeiten liegen können.

Die wesentlichen Übungsziele sind:

- Erkennen und bewusstes Erleben, was unsere Sinnesorgane Nase und Zunge/Gaumen alles können,
- Aufnehmen, Unterscheiden und Benennen verschiedener Gerüche (z. B. blumig, würzig, brenzlig),
- Geschmacksintensität von Nahrungsmitteln bewusst erleben, unterscheiden und benennen (süß, salzig, sauer, bitter),
- Verbalisierung der erlebten Sinneseindrücke (Wortschatzerweiterung),
- Förderung der Fantasie und Vorstellungsfähigkeit.

Geruchsgalerie

Material: siehe Spielverlauf
Geförderte Kompetenzen: Konzentrationsfähigkeit, differenzieren, unterscheiden, vergleichen können, Sprachkompetenz, Wahrnehmung (Gerüche)

Jedes Kind bringt von zu Hause einen Geruch mit, wie z. B. Gewürznelke, Knoblauch, Parfüm, Zwiebeln, Seife, Waschpulver, Gewürzmischung, Zeitung, Apfel, Tabak. Jedes Geruchselement wird in eine kleine Dose gefüllt, bis die „Geruchsgalerie" fertig ist. Unter jeder Dose befindet sich ein Blatt Papier, auf das die Vorstellungen geschrieben sind, die der jeweilige Duft erzeugt.

Am Schluss werden die Gerüche mit ihren Assoziationen vorgestellt.

Ein schönes Riechspiel, das sich besonders gut mit Kindern im Grundschulalter durchführen lässt.

Flüssigkeiten riechen

Material: Gläser mit verschiedenen Flüssigkeiten
Geförderte Kompetenzen: Konzentrationsfähigkeit, differenzieren, beschreiben, benennen können, Wahrnehmung (Gerüche)

Mit verbundenen Augen sollen verschiedene Düfte und Gerüche herausgefunden werden von Flüssigkeiten, wie z. B. Parfüm, Wasser, Limonade, Essig, Spülmittel, Rasierwasser, Säfte, Kaffee, Tee. Die Kinder beschreiben und benennen die erkannten Flüssigkeitsdüfte.

Kräuter- und Gewürztest

Material: Tücher, Gewürze und Kräuter
Geförderte Kompetenzen: Sinneswahrnehmung, Konzentrationsfähigkeit, differenzieren, unterscheiden, benennen können

In zwei Gruppen sitzen sich die Kinder gegenüber. Auf einem Tisch werden verschiedene Kräuter und Gewürze mit deutlichem und typischem Geruch ausgebreitet. Zunächst darf sich jeder den Geruch einprägen. Dann verbindet die Pädagogin dem ersten Kind aus jeder Gruppe die Augen. Zwei Kräuter bzw. Gewürze werden jedem Kind zum Riechen gegeben.

Bei jeder richtig geratenen Aufgabe bekommt die Gruppe einen Punkt.

Natur-Riechquiz

Material: siehe Spielverlauf
Geförderte Kompetenzen: Erkennen und bewusstes Erleben, intensives Erleben von Duftutensilien aus dem Wald, Verbalisierung der erlebten Duft- und Sinneseindrücke

Durch das intensive Erleben von Gerüchen merken wir, dass unser Geruchssinn eher schwach entwickelt ist, Riechen sich aber üben und verfeinern lässt.

Eine „Geruchs- oder Duftsammlung" kann von der Pädagogin oder den etwas größeren Kindern angelegt werden. Dafür sammeln wir Waldmaterialien, die intensiv duften, wie z. B. Baumrinden mit Harz, Blätter, Moose und Farne. Blätter werden zerrieben und jedes „Duftutensil" wird in einer verschlossenen Dose aufbewahrt.

Käfer und Schmetterlinge z. B. berauschen sich an dem Saft der Eichenrinde, der einen starken Duft ausströmt. Auch Menschen können diese Gerüche wahrnehmen. Die Pädagogin hilft den Kindern bei der Identifizierung der Düfte. Später kann ein „Duft-Kim" aus den Utensilien entwickelt werden. Die Gruppe kann auch direkt in den Wald auf „Schnuppertour" gehen.

Die Pädagogin macht die Kinder darauf aufmerksam, dass der Geruch vieler Stängel, Blätter und Früchte erst deutlich wahrzunehmen ist, wenn sie gebrochen, zerrissen und gerieben werden. So erfahren die Kinder auch, dass z. B. Erde oder Baumrinde unterschiedlich riechen, je nachdem, ob sie nass, trocken oder besonnt sind. Ruhe und Konzentration sind bei diesem Natur-Riecherlebnis besonders wichtig.

City-Riechtour

Material: keines
Geförderte Kompetenzen: Erkennen und Erleben von „Großstadtdüften", diese aufnehmen, unterscheiden, verbalisieren können

Wir nehmen jeweils ein Kind, das sich freiwillig die Augen verbinden lässt, an die Hand. Es wird durch die Innenstadt (z. B. eine

Fußgängerzone) geführt, um bestimmte Orte oder Dinge am Geruch zu identifizieren. Soll es intensiv riechen, geben wir ihm ein Zeichen. Wird der Ort erkannt und benannt, geht es weiter.

Als mögliche Orte bieten sich an: Bäckerei, Kaffeegeschäft, Lederwarenhandlung, Waschmittelabteilung im Kaufhaus, Apotheke, Bahnhof, Blumenladen.

Sträuße und Duftbeutel

Material: siehe Spielverlauf
Geförderte Kompetenzen: bewusstes sinnliches Erleben wohlriechender Pflanzen, Verbalisierung der Sinneseindrücke

Es gibt viele wohlriechende Pflanzen, deren Duft nicht nur angenehm ist, sondern auch Insekten fern hält. Aus diesen können wir mit den Kindern Sträuße binden. Dazu eignen sich Lavendel, Zitronenmelisse, Minze, Rosmarin, Jasmin und Rosen. Die Blüten können wir aber auch trocknen, in kleine Beutel oder Tütchen füllen und als Duftbeutel oder Duftsäckchen anbieten.

Welche Gedankenbilder entstehen beim Riechen der Sträuße und Duftbeutel?

Erriechen und Erschmecken

Material: siehe Spielverlauf
Geförderte Kompetenzen: Wahrnehmung, erkennen, benennen, differenzieren und verbalisieren können

Kleine Gläser mit verschiedenem Inhalt werden herumgereicht — für die Augen nicht sichtbar (Tuch umbinden oder Augen schließen lassen), der Inhalt wird „errochen". Auf Teelöffeln werden kleine Proben zum „Erschmecken" angeboten.

- Beispiele für Geruchstest: Parfüm, Zwiebel, Blumen, Leder, Käse, Honig, gekochtes Ei, Holz, Apfel, Kartoffel, Creme, Senf.
- Beispiele für Geschmackstest: Apfel, Banane, Haselnuss, Zucker, Gurke, Pfirsich, Möhre, Brot, Kuchen.
- Es können auch Getränke probiert werden: Milch, Kakao, Tee, Apfelsaft, Mineralwasser, Kaffee usw.

Schnupperreise

| | ab 5 Jahren | 6–10 Kinder |

Material: siehe Spielverlauf
Geförderte Kompetenzen: Konzentrationsfähigkeit, Wahrnehmung (tasten), Gerüche erkennen und differenzieren können, Orientierungsvermögen, Sprachkompetenz

Für diese „Reise" bereiten wir eine Tastspur vor, indem wir z. B. Tesakrepp auf den (sauberen) Fußboden kleben. Über die Strecke verteilt stehen kleine Dosen mit starken Gerüchen (z. B. Seife, Käse, Zwiebel, Kaffee, Pfefferminz, Knoblauch, Nelke).

Wer findet mit verbundenen Augen (die Pädagogin hilft beim Orientieren) zur Zieldose, in der sich, wechselnd für jeden Spieler, ein bestimmter Geruch befindet?

Etwa eine Handbreit vor jeder Riechdose wird unter die Tastspur ein Muggelstein gelegt. Er gibt den Hinweis, dass jetzt eine nächste Riechprobe folgt. Die Teilnehmer der Reise werden über den Spielverlauf informiert, verlassen dann den Raum und kommen einzeln mit verbundenen Augen zurück. Für jeden, der die Reise schafft, gibt's eine kleine Überraschung.

Süß, sauer, salzig, bitter

		ab 5 Jahren		6-10 Kinder

Material: Zucker, Vollmilchschokolade, Bitterschokolade, Salz (im Streuer), Honig, Zitronen, 30%ige Zuckerlösung, 10- bis 15%ige Kochsalzlösung und 1- bis 2%ige Chininlösung (aus der Apotheke)
Geförderte Kompetenzen: Konzentrationsfähigkeit, differenzieren können, Merkfähigkeit, Verbalisierung

Und hier eine spielerische Übung für Kinder im Grundschulalter: Die Pädagogin bildet Zweiergruppen. Zeitlich nacheinander essen alle etwas Zucker, Vollmilchschokolade, Bitterschokolade, einige Salzkörner und Honig. Dann werden etwas verdünnter Zitronensaft und einige Tropfen Chininlösung probiert.

Die Kinder nehmen vier unterschiedliche Geschmacksformen wahr: süß, sauer, salzig und bitter. Mithilfe der Pädagogin wird herausgestellt, dass die Geschmackswahrnehmung zum einen auf der Zunge, dem Sitz des Geschmacksorgans, erfolgt und durch die Mitwirkung der Geruchsnerven zustande kommt. Sind wir erkältet, können wir nichts schmecken. Um das zu überprüfen, halten sich die Kinder beim Probieren verschiedener Geschmacksproben die Nase zu. Und siehe da, der Geschmack „bleibt weg".

Der große Schmecktest

		ab 4 Jahren		2-10 Kinder

Material: siehe Spielverlauf
Geförderte Kompetenzen: Konzentrationsfähigkeit, differenzieren können, Wissenserweiterung, Verbalisierung, Wahrnehmung

Bei einem Geschmacks-Kim sollten Kinder immer erst mit offenen Augen prüfen können, was süß, sauer, salzig oder bitter schmeckt. Danach schließen die Kinder die Augen und lassen sich eine kleine

Kostprobe in den Mund stecken. Wer kann angeben, was er versucht hat? Einige Schmeckbeispiele:

- Obst und Gemüse: Apfelsine, Clementine, Pampelmuse, Zitrone, Apfel, Ananas, Gurke, Tomate, Kartoffel, Sellerie, Lauch
- Verschiedene Puddings: Wackelpudding (Himbeer/Waldmeister), Vanille-, Schokoladen-, Karamellpudding, Grießpudding
- Verschiedene Joghurts: Naturgeschmack, mit Kirsche, Pfirsich, Banane, Apfel, Himbeere
- Verschiedene Nahrungsmittel: Brot, Nuss, Zwiebel, Kuchen, Senf, Kümmel, Zwieback, Quark, Karotte, Honig, gekochtes Ei, Ketchup
- Getränke: Milch, Kakao, Tee, Apfelsaft, Mineralwasser, Trinkjoghurt

Variation: Die Pädagogin hat verschiedene Früchte aufgeschnitten. Zuerst werden einheimische, ein anderes Mal fremdländische Früchte zusammengestellt. Die Kinder raten mit verbundenen Augen.

Riechproben: Apfel, Erdbeeren, Himbeeren, Johannisbeeren, Pflaumen, Weintrauben ... Banane, Apfelsine, Ananas, Pfirsich, Aprikosen ...

Schwieriger sind geschlossene Früchte oder Trockenobst zu erraten, da sie nicht so viel Aroma verbreiten. Anschließend können die Früchte „erschmeckt" und am Ende der Raterunde vernascht werden.

Tasttheke, Fühlparcours, Muskelspiele und fallende Blätter — Spiele zur taktilen und kinästhetischen Wahrnehmung

Tastsinn (taktiles System)

Die Kinder erfahren durch vielfältige Angebote, dass ihre Organe Haut, Mund, Hand und Fuß Berührungen wahrnehmen können, dass sie Formen und Oberflächen von Gegenständen erkennen und Temperaturempfindungen wahrnehmen können. Die Kinder erfahren, dass es in ihrer Haut und den äußeren Schleimhäuten verschiedene Wahrnehmungsmöglichkeiten gibt (Gefühl, Wärme, Kälte und Schmerz). Am empfindlichsten sind die Körperteile, die uns etwas über die Umwelt mitteilen (Hände, Mund/Zunge/Lippen, Füße). Die Kinder erfahren zum Beispiel, dass Blinde ihr fehlendes Sehvermögen vor allem durch Gehör, Geruchssinn und Tasten ausgleichen. Letzteres ist besonders wichtig, wenn sie ein Buch in Blindenschrift lesen wollen. Anhand eines Anschauungsexemplars sammeln die Kinder erstmals Erfahrungen mit der von Louis Braille (1825) entwickelten Blindenschrift. Durch Tasten werden die aus dem Papier ragenden kleinen Punkte „gelesen". Kindergartenkindern können wir auch ein Tastbilderbuch vorlegen, damit sie es langsam tastend ergründen.

Wichtige Übungsziele sind:

- Erleben und Beschreiben unterschiedlicher Berührungsempfindungen,
- Erkennen und Benennen von Formen und Oberflächen,
- Spüren und Empfinden verschiedener Temperaturen,
- Sich unter Ausschluss anderer Sinnesorgane orientieren,
- Gespür entwickeln für den Zusammenhang zwischen Berührung und Gefühl (Zuwendung, Zärtlichkeit),
- Tasterlebnisse verbal beschreiben können (Verbalisierung von Gefühlen/Wortschatzerweiterung).

Bewegungssinn (kinästhetisches System)

Während der Tastsinn äußere Reize vermittelt, zeigen uns innere Reizaufnehmer, wie z. b. der Gleichgewichtssinn, körperinnere Wahrnehmungen auf.

Der Bewegungs- oder Muskelsinn (kinästhetisches System) registriert über seine Organe Muskeln, Sehnen und Gelenkrezeptoren alle Muskelveränderungen. Er gibt uns dadurch das Gefühl von Spannung und Entspannung und er vermittelt uns ein Gefühl für Ausdehnungen und Positionen unseres Körpers im Raum, die für motorische Aktivitäten und Bewegungsempfindungen von Bedeutung sind. Die Stellungsänderung von Körperteilen zueinander, die Möglichkeit, sich fortzubewegen, und viele andere Aktivitäten wie das Sprechen, das Schreiben, die Augenbewegungen werden durch die Kontraktion (Zusammenziehung) gestreifter Muskeln möglich. Damit die Kontraktionen für den Menschen sinnvoll ablaufen, ist die Beteiligung des Nervensystems notwendig. Unzweifelhaft bestehen Wechselwirkungen zwischen frühen Bewegungserfahrungen und der kognitiven wie emotional-affektiven Entwicklung eines Kindes. Bewegungsgeschickte Kinder finden sich besser in ihrer Umwelt zurecht, während motorisch ungeschickte Kinder häufig Probleme in der sozialen Entwicklung aufweisen (z. B. durch die Ablehnung bei Gruppenspielen).

Spiele und Übungen zur Körperbewusstwerdung müssen kontinuierlich angeboten werden. Sie sind nicht allein auf das Kinderturnen, die Fächer Sport und Gymnastik begrenzt. Spiele zur Förderung des Bewegungssinnes lassen sich im Kindergarten wie in der Grundschule einsetzen, gleich ob im sprachlichen, musischen, kreativen, sozialen oder technischen Bereich. Körperbewusstwerdung hat auch immer etwas mit Körperkoordination zu tun. Hierzu gehört insbesondere die Förderung der visuellen Wahrnehmung (Figur-Grund-Wahrnehmung, Wahrnehmungskonstanz, Wahrnehmung der Raumlage und der räumlichen Beziehungen).

Wichtige Übungsziele sind:

- Bewegungsmöglichkeiten des Körpers bewusst erfahren,
- Lustbetontes, spielendes Üben und gestaltendes Umgehen mit dem eigenen Körper,
- Verbesserung der Motorik und der visuellen Wahrnehmung,
- Stärkung des Mutes und des Selbstvertrauens,
- Förderung der spezifischen und intellektuellen Leistungsfähigkeit durch die positive Auswirkung der Motorik,
- Verbesserung des sozialen Kontaktverhaltens.

Handkontakte

| | | ab 5 Jahren | | | 2–10 Kinder |

Material: siehe Spielverlauf
Geförderte Kompetenzen: sich unter Ausschluss anderer Sinnesorgane orientieren, tasten können, Entspannung

Um Empfindsamkeit und Feinfühligkeit geht es bei diesem Spiel. Je zwei Kinder stellen sich gegenüber auf, legen die Handflächen aneinander und schließen die Augen für einige Sekunden. Dann lassen sie die Hände sinken, drehen sich dreimal langsam im Kreis herum und versuchen jetzt mit geschlossenen Augen, die Hände des Partners wiederzufinden.

Das Spiel eignet sich auch als Entspannungsübung.

Blinder Spaziergang

| | ab 6 Jahren | 6–20 Kinder |

Material: Kassetten oder CDs mit ruhiger Musik, Rekorder
Geförderte Kompetenzen: taktile und akustische Wahrnehmung,
Überwindung von Ängsten, Raumorientierung, Vertrauen bilden können

Hierbei handelt es sich um eine schöne Vertrauensübung. Ein Kind
führt ein anderes am Unterarm vorsichtig durch den Raum. Das
geführte Kind hat die Augen geschlossen.

- Der „Blinde" wird an beiden Händen und mit sprachlicher Unterstützung durch den Raum geführt.
- Der Blinde wird nur noch mit der Hand geführt (ohne Sprache).
- Es besteht nur noch Kontakt über mehrere Fingerspitzen (die Partner stehen einander gegenüber).
- Der Blinde wird durch einen Summton des vorangehenden sehenden Partners geführt.
- Der Blinde geht allein durch den Raum. Der Sehende gibt seine Anweisungen deutlich von einer Raumseite aus.
- Der Sehende lässt den Blinden bestimmte Gegenstände im Raum ertasten, an Blumen riechen und geleitet ihn über verschiedene Hindernisse wie Stühle und Tische.
- Die Paare (Blinde und Sehende) tanzen und halten Kontakt mit den Händen. Auf ein Signal werden die Blinden von den Sehenden an andere Sehende weitergereicht.
- Jetzt sind alle Spieler blind und bewegen sich im Raum. Sie ertasten ihre Mitspieler (Hände/Gesichter, Haare usw.).

Als Hindernisse können Bücher, kleine Kästen, Reifen und Bretter
verwendet werden. Nun muss sich der blinde Spieler bemühen,
möglichst wenig anzustoßen.

Nach ein bis zwei Minuten wird gewechselt. Am Ende sprechen
Kinder und Pädagogin über die gemachten Erfahrungen.

Was liegt auf deiner Hand?

Material: Gegenstände, z. B. Ei, Kartoffel, Stein, Ball, Watte, Kamm, Bürste, Schwamm
Geförderte Kompetenzen: taktile Wahrnehmung, Konzentrationsfähigkeit, erkennen, verbalisieren können

Einem Kind werden die Augen verbunden. Die Pädagogin legt ihm der Reihe nach zwei bis fünf Gegenstände auf die ausgestreckte offene Hand.

Das Kind muss raten, was es gewesen ist. Es darf dabei weder die andere Hand zu Hilfe nehmen noch die Fühlhand bewegen.

Für jeden richtig geratenen Gegenstand erhält das Kind einen Punkt. Sieger ist, wer am Schluss die meisten Punkte hat.

Tasttheke

Material: 10 kleine Schalen oder Becher (z. B. Joghurtbecher)
Geförderte Kompetenzen: Konzentrationsfähigkeit, Wahrnehmung (tasten), differenzieren, erkennen, benennen können

Zunächst sucht sich jedes Kind ein Tastmaterial und füllt es in einen Becher, sodass die anderen es nicht sehen. Dafür eignet sich so gut wie alles, was in Becher passt: Erbsen, Bohnen, Linsen, Kieselsteine, trockener und feuchter Sand, Papierstücke, Wollfäden, Büroklammern, Korkstücke, „Bandsalat" einer ausgedienten Kassette, Sägespäne.

Reihum werden die Becher weitergegeben oder nebeneinander auf einem Tisch zur „Tasttheke" aufgebaut.

Tastsack

| | | ab 4 Jahren | | 6–12 Kinder |

Material: 1 Stoffsack, Gegenstände (Spielautos, Steine, Bauklötze, Kamm usw.)
Geförderte Kompetenzen: taktile Wahrnehmung, Konzentrationsfähigkeit, differenzieren, benennen, zählen können, Spielfreude

Die Pädagogin steckt verschiedene Gegenstände in einen Beutel. Jedes Kind darf in den Beutel greifen und die Dinge abtasten. Nach einer bestimmten Zeit geht der Beutel an den nächsten Mitspieler weiter. Wer hat alle Gegenstände richtig ertastet? Wie viele Gegenstände waren es?

Variationen:

- Die Kinder „erfühlen" nacheinander im Tastsack verschiedenartige Spielzeuge (oder Gebrauchsgegenstände), beschreiben sie dabei und begründen ihre Vermutung.
- Es befinden sich zwei gleiche Gegenstände im Sack. Das Kind muss durch Tasten das Paar herausfinden.
- Ähnliche Gegenstände werden in den Sack gepackt, z. B. runde Dinge wie Apfel, Kugel, Ball, Ei oder längliche wie Löffel, Lineal, Bleistift.

Griffige Zahlen

| | | ab 5 Jahren | | 2–10 Kinder |

Material: 1 Turnbeutel, Zahlen 1 bis 9 aus fester Pappe
Geförderte Kompetenzen: tasten, fühlen und unterscheiden, verbalisieren können, Zahlenkenntnis

Die Pädagogin schneidet aus starkem Pappkarton Zahlen aus und steckt sie in einen „Ratebeutel" (Turnbeutel). Das Kind greift hinein und versucht durch Befühlen herauszubekommen, um welche Zahl es sich handelt. Eine schöne Übung zur Unterscheidung von Formen, zum Erkennen und Verbalisieren des Ertasteten durch die älteren Kindergarten- bzw. Grundschulkinder.

Haushaltstast-Kim

ab 4 Jahren   2–10 Kinder

Material: Gegenstände aus dem Haushalt, z. B. Kamm, Bürste, Schwamm, Wäscheklammer, Teesieb, Gemüsereibe, Watte, Lappen, Löffel
Geförderte Kompetenzen: tasten, fühlen und unterscheiden, verbalisieren können, Zahlenkenntnis

Einem Kind werden die Augen verbunden. Dann legt ihm die Pädagogin der Reihe nach drei bis fünf Gegenstände auf die ausgestreckte offene Hand. Das Kind muss raten, um welche Gegenstände es sich handelt. Es darf dabei weder die andere Hand zu Hilfe nehmen noch die Fühlhand bewegen.

Schnurtasten

ab 5 Jahren   5–10 Kinder

Material: Schnur, Gegenstände (Bürste, Schlüssel, Tuch usw.)
Geförderte Kompetenzen: Wahrnehmung (tasten), Formen erkennen und beschreiben, differenzieren, zuordnen können

Die Pädagogin spannt kreuz und quer durch den Raum eine Schnur (ca. 8–10 Meter). Den Spielern werden die Augen verbunden. Sie müssen an der Schnur entlanggehen und daran befestigte Gegenstände (z. B. Schlüssel, Luftballon, Handschuh, Puppe usw.) ertasten. Es empfiehlt sich, eine etwa acht Meter lange Schnur mit sechs bis acht Gegenständen zu behängen.

Für neue Mitspieler werden die Gegenstände eventuell ausgetauscht oder in eine andere Reihenfolge gebracht. In einer zweiten Runde kann ein Gegenstand fehlen. Die Steigerung des Schwierigkeitsgrades erfolgt durch die erweiterte Zahl der Gegenstände.

Tastleiste

ab 4 Jahren

6–20 Kinder

Material: Holzleiste mit aufgeklebten TastMaterial, Tuch
Geförderte Kompetenzen: taktile Wahrnehmung, Formen erkennen und beschreiben, differenzieren, zuordnen können

Die Kinder ertasten mit verbundenen Augen auf einer „Tastleiste" verschiedene Materialien, wie z. B. Seide, Cordsamt, Samt, Pappe, Sandpapier, Gummi, grobes Leinen, Schmirgelpapier, Leder u. a. Die verschiedenen Oberflächen sollen erkannt und beschrieben werden.

Variation: Wir bereiten Tastplattenpaare vor, die vom Kind mit geschlossenen Augen zusammenzustellen sind.

Fummelkiste

ab 3 Jahren

ab 1 Kind

Material: 1 Kiste (Karton) mit 1 bis 2 Handöffnungen, Gegenstände
Geförderte Kompetenzen: taktile Wahrnehmung, differenzieren, benennen können, Spielfreude

Viele Gegenstände liegen in einer Kiste oder in einem Schuhkarton, der verschlossen ist und nur mehrere Handlöcher hat. Durch Tasten soll erraten werden, um was für Gegenstände es sich handelt. Der Karton kann als „Dauerreiz" im Raum verbleiben.

Armtick

Material: keines
Geförderte Kompetenzen: taktile und haptische Wahrnehmung,
genaue Beobachtung

Ein Kind entblößt seinen Unterarm und schließt die Augen. Ein
zweiter Spieler tippt dessen Arm an. Der erste Spieler soll anschließend die gleiche Stelle ertasten. Gelingt es ihm?

Tastplatten-Mix

Material: siehe Spielverlauf
Geförderte Kompetenzen: taktile Wahrnehmung, unterscheiden können,
Feinmotorik, Konzentrationsfähigkeit, Sprachkompetenz

Für dieses Spiel, eine Variante der „Tastleiste", benötigen wir eine
große Spanplatte. Die Kinder kleben darauf zahlreiche Gegenstände mit einer unterschiedlichen Oberflächenstruktur (z.B. Stoffe,
Schmirgelpapier, Hölzer, Blech- und Plastikteile, Fell, Watte, Federn, Kork, Styropor). Die Gegenstände können quer durcheinander oder gruppiert aufgeklebt werden, z.B. als glatte, raue, weiche
oder harte Tastplastiken.

Die Kinder betrachten das Bild mit den Händen und beschreiben ihre wahrgenommenen Eindrücke. Die Augen sind dabei geschlossen.

Natur-Kim

Material: siehe Spielverlauf
Geförderte Kompetenzen: Wahrnehmung durch Befühlen und Riechen, differenzieren, vergleichen, beschreiben können

Die Kinder erhalten ein Sammelgefäß (Schuhkarton) und sammeln selber Dinge, die in irgendeiner Form einen Zusammenhang zum Spaziergang (z. B. im Park zu Bäumen) haben: Eicheln, kleine Äste, Steinchen, Blätter ...

Wir breiten die Sachen auf einem Tuch aus, betrachten, befühlen und benennen sie. Nun setzen sich alle Kinder in den Kreis und schließen die Augen. Die Pädagogin gibt einem Kind einen Gegenstand vom Tuch zum Befühlen und eventuell zum Beschnuppern. Das Kind soll raten, um welchen Gegenstand es sich handelt; gelingt ihm das nicht, darf das nächste Kind raten.

Schultertest

Material: keines
Geförderte Kompetenzen: Tasten und Tasterlebnisse beschreiben können, Zuwendungsfähigkeit, behutsames Umgehen miteinander

Alle Kinder sitzen im Stuhlkreis. Während ein Kind mit geschlossenen Augen um den Stuhlkreis herumgeht, wechseln alle noch einmal die Plätze und setzen sich. Auf ein akustisches Zeichen hin bleibt der Suchende stehen und berührt den nächstsitzenden Spieler an den Schultern und Armen. Findet er heraus, wer es ist?

Tastturnier

| | ab 5 Jahren | 6–12 Kinder |

Material: Tastutensilien, Tücher
Geförderte Kompetenzen: Erkennen und Benennen von Formen und Oberflächen, Feinmotorik, sich unter Ausschluss anderer Sinnesorgane orientieren können, Konzentrationsfähigkeit

Bei dieser Spielfolge haben die Kinder mit verbundenen Augen verschiedene Aufgaben zu bewältigen:

- Gefäße (Schüssel, Kanne, Teller, Trinkbecher, Krug, Tasse u. Ä.) betasten und erraten,
- Besondere Merkmale von Gegenständen sind zu ertasten (rund, spitz, hart, weich, lang, kurz usw.),
- Mit verbundenen Augen einen Baukasten einpacken,
- Schuhe sortieren (auch als Wettspiel möglich, zwei Kinder mit verbundenen Augen),
- Die Kinder fädeln verschieden große Perlen auf,
- Mit verbundenen Augen werden Nüsse sortiert (Hasel-, Wal-, Para-, Erdnüsse),
- Verschiedene Obst- und Gemüsesorten müssen ertastet werden.

Wer bewältigt die gestellten Aufgaben am besten?

Strukturen und Formen

Material: Sandpapier, glatte Pappe, Stäbchen, Ringe
Geförderte Kompetenzen: Erkennen und Benennen von Formen und
Oberflächen, Konzentrationsfähigkeit

Das Kind tastet über unterschiedlich strukturierte Flächen (z. B.
glatte Pappe und Sandpapier). Verschiedene Formen können auf
ein größeres Stück Pappe geklebt werden: rund, eckig, schmal,
breit, kurz, lang. Das Kind befühlt, die Pädagogin hilft beim Klären
der Begriffe.

Wer nicht fühlt, der hört

Material: siehe Spielverlauf
Geförderte Kompetenzen: sich unter Ausschluss anderer Sinnesorgane
orientieren können, taktile Wahrnehmung, Entspannung

Wir benötigen: runde, eckige, harte, weiche, glatte, raue, stumpfe
und spitze Gegenstände, z. B. Bälle, Würfel, Bausteine, Schachteln,
Holz, Glas, Stäbe, Wecker, Musikinstrumente. Die Kinder sitzen im
Kreis und haben die Augen geschlossen. Ein Kind betastet und befühlt mit geschlossenen Augen einen Gegenstand (z. B. eine Tasse),
den es von der Pädagogin erhalten hat.

Die Oberfläche, Form und Klang- bzw. Geräuschmöglichkeiten
des Gegenstandes werden vom Kind untersucht und den anderen
Kindern beschrieben. Wie fühlt sich der Gegenstand an? Welche
Form hat er? Wie klingt er, wenn man auf ihn schlägt? Die anderen
Kinder – ebenfalls mit geschlossenen Augen – versuchen aufgrund
der Beschreibung ihres Spielkameraden, den Gegenstand zu erraten. Ein anderes Kind kommt jetzt an die Reihe.

Gefühlvolle Füße

Material: siehe Spielverlauf
Geförderte Kompetenzen: Erleben und Beschreiben unterschiedlicher
Berührungsempfindungen, Erkennen der Materialien, sich ohne Augen
orientieren, Konzentrationsfähigkeit

Das folgende Spiel wird beweisen, dass unsere Füße sehr sensible
„Tastorgane" sein können. Zuvor besorgt die Pädagogin zehn bis
zwölf Teppichfliesen (40 x 40 cm groß). Auf diese Fliesen klebt sie
unterschiedliche Materialien: Pappe, Stoff, Knöpfe, Fell, Baumrinde, Blätter, Büroklammern, Sand, Sägspäne und anderes mehr. Eine Fliese bleibt unbeklebt.

Jetzt betasten die Kinder die Materialien mit ihren Füßen – natürlich mit verbundenen Augen. So bewegt sich langsam eines
nach dem anderen von Fliese zu Fliese. Wer eine Fliese mit seinen
Füßen nicht ergründen kann, darf die Hände zu Hilfe nehmen.

Wassertastfüße

Material: 1 größere Plastikschüssel, beliebige Gegenstände
Geförderte Kompetenzen: Wahrnehmung (ertasten), Konzentration, benennen
können

Bei diesem schönen Wasserspiel sitzt ein Spieler mit verbundenen
Augen auf einem Stuhl. Seine Füße stellt er in eine mit Wasser
gefüllte Plastikschüssel. Nun legt ein Mitspieler einen beliebigen
Gegenstand, der durch seine Form oder Oberfläche leicht zu erkennen ist, mit in die Schüssel. Der „Blinde" tastet den Gegenstand mit
den Füßen ab, um schnellstmöglich zu sagen, um welchen Gegenstand es sich handelt.

Fühlparcours

| | | ab 3 Jahren | | | 8–20 Kinder |

Material: Schnur (ca. 50 Meter), gefüllte Kartons oder Kisten
Geförderte Kompetenzen: Erkennen und Benennen verschiedener Untergründe, Konzentrationsfähigkeit, sich unter Ausschluss des Sehsinns orientieren, Fühlerlebnisse beschreiben können

Auf einer Spielwiese oder dem Kindergartengelände haben wir einen Fühlparcours hergerichtet. Jeder Besucher muss, sich an einem Seil haltend, das die Strecke säumt und der Orientierung dient, sich zum Ziel tasten. Die Augen sind geschlossen zu halten. Das Fühlen geschieht in erster Linie mit den Füßen. Schuhe und Strümpfe müssen also ausgezogen werden. Als Fühlmöglichkeiten bieten sich an: ein Karton mit grobem und einer mit feinem Kies, eine Kiste Schafwolle, Kartons mit Papierschnitzeln, Gras, feinem Meeressand, Styroporschnitzeln, ein dickes Tau und zum Schluss eine große Schüssel Matsch und eine große Schüssel Wasser. Der Fühl-Parcours lässt sich beliebig erweitern und variieren.

Die Kinder sollten auf ihre Entdeckungsreise mit großzügigem Abstand gehen und sich ruhig Zeit lassen. Je abwechslungsreicher der Parcours gestaltet ist, umso mehr Erlebnisse können die Kinder im Anschluss austauschen.

Stumme Nachrichten

| | | ab 6 Jahren | | | 6–10 Kinder |

Material: keines
Geförderte Kompetenzen: haptische Wahrnehmung, Sensibilisierung, Erkennen und Benennen der Figuren, Buchstaben und Zahlen

Je ein Kind sitzt auf einem Stuhl, ein anderes stellt sich dahinter. Das stehende Kind übermittelt dem sitzenden eine Nachricht, indem es ihm mit den Fingern langsam Figuren, Buchstaben oder Zahlen auf den Rücken schreibt. Das sitzende Kind soll die „Zeichensprache" erraten. Das Spiel können wir auch im Kreis oder in Reihen durchführen. Dazu werden wir die Zeichen weitergegeben, bis sie beim ersten Kind wieder angekommen sind.

Variation: Es wird auf unterschiedliche Körperteile gemalt.

Hände hoch!

| | | ab 5 Jahren | | 4–8 Kinder |

Material: 1 Geldmünze
Geförderte Kompetenzen: Aufmerksamkeit, Konzentrationsfähigkeit, Reaktionsvermögen, Schnelligkeit

Für dieses Spiel benötigen wir ein Geldstück. Zwei Parteien sitzen am Tisch einander gegenüber. Ein Spieler aus einer Partei erhält ein Geldstück und gibt es unter dem Tisch einem der Mitspieler weiter. Die Gegenpartei ernennt ein Kind zum Wortführer. Dieses sagt: „Hände flach!" Alle Kinder legen die Hände mit eingekniffenem Daumen – unter einem ist ja das Geldstück eingeklemmt – flach auf den Tisch. Dann: „Hände hoch!" Jetzt müssen die Hände hochgestellt sein, die Handrücken zur gegnerischen Partei gewandt, die Fingerspitzen auf den Tisch. „Hände zur Faust!" Nun sind die Hände zu Fäusten geballt. In möglichst schnell folgendem Wechsel werden jetzt die drei Anordnungen gegeben. Dabei versucht derjenige, der kommandiert, ein Klappern zu hören oder das Geldstück zu sehen; vielleicht fällt es gar herunter. Dreimal darf er auf eine der Hände tippen. Ist die Hand jedes Mal münzenlos, so hat die „Münzengruppe" gewonnen. Rollenwechsel.

Hände drücken

| | | ab 5 Jahren | | 2-10 Kinder |

Material: siehe Spielverlauf
Geförderte Kompetenzen: Wahrnehmung, Konzentrationsfähigkeit, Spüren von Spannung und Entspannung

Um Kraft, Gleichgewicht und Spannung geht es in diesem Spiel, bei dem sich zwei Kinder gegenüberstehen und ihre Kraft und ihr Gleichgewicht durch Druck über die Handflächen ausprobieren. Es soll vorsichtig ständiger Druck ausgeübt werden, keine ruckartigen Bewegungen. Anschließend gehen die beiden Spieler etwas auseinander und üben den gleichen Druck und Gegendruck aus, jedoch ohne dass sich die Handflächen berühren (Abstand ca. 5 cm). Die Kinder spüren die Spannung.

Doppelt gebeutelt

| | | ab 5 Jahren | | 6-10 Kinder |

Material: 1 Wäscheklammerbeutel, kleine Gegenstände
Geförderte Kompetenzen: Reaktionsvermögen, Schnelligkeit, körperliche Gewandtheit, Spielfreude

Ein Wäscheklammerbeutel, der sich umbinden lässt, ist von der Pädagogin so zusammengenäht worden, dass zwei Taschen entstanden sind. Links und rechts werden je acht bis zwölf gleiche Gegenstände (Bleistifte, Schrauben, Murmeln, Radiergummis, kleine Spielzeugautos, Büroklammern u. a.) hineingelegt. Die Kinder versuchen nun nacheinander, aus dem umgehängten Beutel blind die Gegenstandspaare herauszufinden.

Paradiesvogel

Material: buntes Papier, Schere, Tesafilm, Tuch
Geförderte Kompetenzen: Aufmerksamkeit, Konzentrationsfähigkeit, Reaktionsvermögen, Schnelligkeit, körperliche Gewandtheit, sich unter Ausschluss des Sehsinns orientieren können

Ein Kind wird zum „Paradiesvogel". An seiner Kleidung befestigen wir mehrere ca. 10 cm lange Papierstreifen mit Tesafilm. Dann verbinden wir die Augen dieses Spielers und stellen ihn in die Raummitte. Ein Kind nach dem anderen versucht nun, dem bunten Vogel eine „Feder" wegzunehmen, ohne dass es dabei von ihm gehört oder berührt wird. Jeder hat für einen Versuch nur 30 Sekunden Zeit und darf nur eine einzige Feder wegtragen. Sobald sich alle Kinder abgelöst haben, kommt wieder das erste an die Reihe. Wer vom bunten Vogel erwischt wird, scheidet aus. Gespielt wird so lange, bis der Vogel alle Federn eingebüßt hat. Sieger ist, wer die meisten erbeuten konnte.

Ich schicke eine SMS

Material: siehe Spielverlauf
Geförderte Kompetenzen: genaues Beobachten, Konzentrationsfähigkeit, Kooperation, Spielfreude

Alle Kinder bis auf eines sitzen im Kreis. Sie fassen sich an den Händen. Nun beginnt eines im Kreis: „Ich schicke eine SMS an ..." Es nennt ein im Kreis sitzendes Kind. Es „schickt" die SMS, indem es seinem rechten und linken Nachbarn möglichst unauffällig die Hand drückt. Dabei sagt es: „Geschickt." Der Nachbar gibt den

Druck an seinen nächsten Nachbarn weiter und so fort, bis der
Druck – die SMS – den vorher genannten Empfänger erreicht hat.
Dieser sagt: „Angekommen." Das in der Mitte stehende Kind hat die
Aufgabe zu beobachten, wer die SMS gerade weitergibt. Ertappt es
einen dabei, so muss dieser in die Kreismitte. Wenn ihm das nicht
gelingt, muss derjenige, an den die SMS gerichtet war, eine neue
abschicken.

Aus dem Koffer

| | ab 4 Jahren | 6–12 Kinder |

Material: siehe Spielverlauf
Geförderte Kompetenzen: Erkennen und Benennen von Formen und
Strukturen, Differenzierung, Konzentrationsvermögen

Die Pädagogin bringt einen Koffer mit. Aus ihm sollen mit geschlossenen Augen einzelne Gegenstände herausgenommen werden.
Durch Tasten erraten die Kinder, um welche Gegenstände es sich
handelt.

Es ist darauf zu achten, dass sich die einzelnen Dinge durch
spezifische Gegebenheiten unterscheiden, z.B. Plastik (Puppe,
Tier), Stoff (Stofftier, Puppe), Holz (Brett, Baustein), Baumfrüchte
(Kastanie, Tannenzapfen). Zunächst sollte das Spiel nur mit weni-
gen und bekannten Gegenständen gespielt werden. Allmählich lassen sich dann auch differenziertere Gegenstände aus dem Koffer
erraten.

Füßeln

Material: keines
Geförderte Kompetenzen: erleben und beschreiben können unterschiedlicher Berührungsempfindungen, haptische Wahrnehmung

Für dieses Wahrnehmungsspiel sitzt sich jeweils ein Paar ohne Schuhe in einem Abstand gegenüber, bei dem sich ihre Füße berühren können. Mit geschlossenen Augen nehmen die Spielpartner über ihre Füße Kontakt miteinander auf.

Steigerung: Die beiden setzen sich im Schneidersitz einander gegenüber, schließen die Augen, nehmen vorsichtig Kontakt mit ihren Händen auf und erkunden so einander.

Eine nasse Geschichte

Material: keines
Geförderte Kompetenzen: Fantasie, Wahrnehmung, Handmotorik, Geräusche erzeugen und bewusst erleben können

Im Sitzkreis erzählt die Pädagogin den Kindern vom großen Regen, der kommt, und alle machen entsprechende Bewegungen und Geräusche mit:

- Die Finger reiben auf der Handfläche,
- Mit den Fingern schnalzen ... erst leise, dann lauter werdend,
- In die Hände klatschen,
- Auf die Oberschenkel schlagen,
- Auf die Sitzflächen des Stuhls trommeln.

Allmählich hört der große Regen auf (alles wieder zurück).

Mal mal!

Material: Karten mit Aufgaben
Geförderte Kompetenzen: haptische Wahrnehmung, Tasterlebnisse verbal
beschreiben, Gefühltes zeichnerisch umsetzen können

Die Pädagogin bittet die Kinder: „Malt mit verbundenen Augen ein
Haus, ein Auto, eine Wiese, einen Baum, Sonne, Mond, Sterne, Wol-
ken ... Bildet Dreiergruppen." Ein Kind sitzt auf einem Stuhl und
hält ein Blatt Papier in der Hand. Ein zweites Kind steht vor ihm.
Das dritte steht dahinter. Es muss den zweiten Spieler durch Kommando (rechts, links, hoch, runter, langsamer ...) dazu bringen,
etwas zu malen. Dazu ziehen die dritten Spieler Karten, auf denen
die Aufgaben stehen.

Mein Gesicht

| | ab 6 Jahren | 4–20 Kinder |

Material: keines
Geförderte Kompetenzen: Hautwahrnehmung, Beschreiben des eigenen gefühlten Gesichts / Kopfs, Verbalisieren von Gefühlen

Ein schönes, sensitives Spiel zur Hautwahrnehmung, für das sich die Gruppe in einen Stuhlkreis setzt. Jeder Teilnehmer sitzt mit leicht nach hinten fallen gelassenem Kopf auf seinem Stuhl. Die Hände liegen locker auf den Oberschenkeln. Die Spielleitung spricht mit ruhiger Stimme und lässt den Teilnehmern genügend Zeit, ihr Gesicht zu spüren und zu erleben.

Nacheinander gibt die Pädagogin folgende Anweisungen:

- Schließt eure Augen.
- Hebt langsam eure Arme und streicht mit den Fingerspitzen über eure Stirn.
- Geht langsam über eure Augenbrauen, Augenlider und Wimpern zu eurer Nasenwurzel.
- Jetzt über die Nase und die Wangen langsam über die Lippen zum Kinn.
- Es geht weiter zu den Ohren. Wie fühlen sie sich an? Ihr fühlt eure Ohrmuscheln und die Ohrläppchen.
- Langsam geht es am Hinterkopf hinauf zu den Haaren. Erlebt, wie sie sich anfühlen.

Am Ende sprechen wir gemeinsam darüber, wie die einzelnen Gesichtsberührungen empfunden wurden und welche Wirkung vom Spiel ausging. Brillenträger nehmen vor Beginn des Spiels ihre Brille ab.

Nachempfinden

| | ab 7 Jahren | 6–10 Kinder |

Material: keines
Geförderte Kompetenzen: haptische Wahrnehmung, Einfühlungsvermögen

Ein sensibles Spiel für die größeren Kinder im Grundschulalter: Gespielt wird jeweils zu zweit. Ein Kind von jedem Paar stellt, setzt oder legt sich in einer ungewöhnlichen Körperhaltung hin. Das andere schließt zuvor die Augen. Es soll die Haltung des Spielpartners genau kopieren. Dazu muss es durch Tasten genau wahrnehmen, welche Haltung sein Partner eingenommen hat. Danach erfolgt ein Rollenwechsel.

Sensible Hände

| | ab 5 Jahren | 10–20 Kinder |

Material: siehe Spielverlauf
Geförderte Kompetenzen: haptische Wahrnehmung, Entspannung, erkennen können

Alle Kinder schließen ihre Augen, versuchen ganz ruhig zu werden und entspannen sich. Jeder streckt seine Hände nach vorn und geht langsam und vorsichtig durch den Raum. Hände, die ihm begegnen, betastet er. Gefallen sie ihm, bleibt er einige Zeit bei ihnen. Er betastet, befühlt, streichelt sie, reagiert auf sie ... geht dann weiter, nimmt mit anderen Händen Kontakt auf, wobei die Augen stets geschlossen bleiben. Nach einigen Begegnungen öffnet jeder wieder die Augen. Wer in etwa weiß, mit welchen Spielern er in Kontakt gekommen war, kann mit diesen darüber reden, ihre Hände noch einmal betasten, jetzt jedoch mit offenen Augen.

Muskelspiele

Material: keines
Geförderte Kompetenzen: bewusstes Erleben der Muskulatur, motorische
Geschicklichkeit, Konzentration, Entspannung

Die Fähigkeit zur Bewegung ist eine der wesentlichsten Ausdrucksformen menschlichen Lebens. Körperliche Bewegungen werden
durch unser Muskelgewebe ausgeführt. Bei dieser spielerischen
Übung erleben die Kinder ihre Muskulatur als Bewegungsorgan.
Die Kinder liegen mit ausgezogenen Schuhen auf dem Teppichbo-
den (oder auf einer Decke). Nacheinander werden verschiedene
Bewegungsabläufe gemeinsam durchgeführt. Die Pädagogin sagt:

- „Schließt jetzt eure Augen ...
- Bewegt die Zehen, zuerst langsam und nun, als wolltet ihr
  etwas mit ihnen greifen.
- Streckt und beugt die Zehen.
- Lasst eure Füße kreisen, langsam nach außen und langsam
  nach innen.
- Beugt langsam eure Knie und streckt sie wieder.
- Grätscht langsam eure gestreckten Beine und führt sie wieder
  zusammen.
- Spannt einmal die Muskeln eures Pos und jetzt lasst die Mus-
  keln wieder los (entspannen).
- Jetzt spannt die Muskeln eures Rückens, indem ihr „Hohl-
  kreuzbewegungen" macht.
- Bewegt nun die Muskeln eurer Schulterblätter ... presst sie
  zusammen und entspannt (lasst sie wieder los).
- Zieht langsam eure Schultern hoch bis zu den Ohren.
- Dreht euren Kopf langsam zuerst auf eine, dann auf die andere
  Seite.
- Bewegt euren Unterkiefer.
- Beißt die Zähne aufeinander.
- Bewegt langsam eure Zunge im Mund.

- Streckt die Zunge ganz weit heraus.
- Presst einmal die Lippen fest aufeinander.
- Blast kräftig eure Wangen auf.
- Kräuselt eure Nase und entspannt sie wieder.
- Unsere Augen sind noch geschlossen. Rollt eure Augen. Spürt bei diesen Bewegungen die beteiligten Muskeln.
- Öffnet jetzt die Augen und presst sie dann einmal ganz fest zusammen.
- Wir schließen wieder die Augen.
- Führt nun eure ausgestreckten Arme so zusammen, dass sich die Handflächen berühren ... presst sie fest aneinander ... spürt ihr die Muskelbewegungen?
- Hebt eure gestreckten Beine etwas vom Boden und spürt, wie sich dabei eure Bauchmuskeln anspannen ... senkt jetzt die Beine wieder.
- Streckt eure am Boden liegenden Arme bis in die Fingerspitzen hinein ... lasst jetzt die Spannung wieder nach.
- Ballt eure Hände zu Fäusten.
- Beugt eure Arme, bis die Finger die Schultern berühren.
- Streckt wieder die Arme neben euch aus und bewegt nun jeden Finger einzeln ... spürt bei diesen Bewegungen den Verlauf der Muskeln.
- Wir bleiben ruhig liegen und öffnen wieder die Augen."

Die Bewegungsfolgen sind variierbar. Dauer und Intention der spielerischen Übung richten sich nach dem Teilnehmerkreis.

Flüssigkeiten erfühlen

| | | ab 4 Jahren | | 4–20 Kinder |

Material: siehe Spielverlauf
Geförderte Kompetenzen: bewusstes Wahrnehmen verschiedener Flüssigkeiten, erkennen und benennen können

Die Kinder können bei diesem Spiel bewusst erleben, dass sich auch Flüssigkeiten unterschiedlich anfühlen.

In verschiedene Glasschalen hat die Pädagogin unterschiedliche Flüssigkeiten gegeben: Wasser, Seifenlauge, Milch, Limonade, Öl ... Wer möchte sich die Augen verbinden lassen und tasten? Welche Unterschiede werden erlebt und benannt?

Wo sind meine Schuhe?

| | ab 4 Jahren | 4–10 Kinder |

Material: Schuhe und Augenbinden
Geförderte Kompetenzen: Beobachtungsfähigkeit, Reaktionsvermögen, Geschicklichkeit

Alle Kinder legen ihre Schuhe auf einem großen Haufen zusammen und verbinden sich die Augen. Beim Startzeichen sucht jeder schnellstens nach seinen Schuhen. Welches Kind hat seine Schuhe als erstes wieder angezogen?

Baumkontakte

| | | ab 4 Jahren | | 6–12 Kinder |

Material: Augenbinden
Geförderte Kompetenzen: Sinneswahrnehmung, differenzieren, erkennen, benennen können, Wissenserweiterung

Die Pädagoginnen suchen ein Gelände mit unterschiedlichen Bäumen in der Nähe der Einrichtung. Dort spielen wir. Für dieses Spiel benötigen wir lediglich Tücher zum Verbinden der Augen. Die Kinder bilden Paare. Einem Kind werden die Augen verbunden. Das sehende Kind führt das „blinde" Kind auf Umwegen zu einem Baum. Mit diesem Baum macht sich das Kind vertraut. Es erriecht, befühlt und ertastet den Baum, bis es meint, so vertraut zu sein, dass es den Baum ohne Augenbinde wieder finden wird. Nach einer Weile gehen die Kinder, wieder auf kleinen Umwegen, zum Standort zurück. Die Augenbinden werden entfernt. Die nun sehenden Kinder versuchen, „ihren" Baum wieder zu finden. Dann werden die Rollen getauscht.

Bei diesem Spiel erfahren die Kinder, dass Bäume nicht nur durch das Aussehen voneinander zu unterscheiden sind. Bäume haben auch einen eigenen Geruch und fühlen sich unterschiedlich an.

Sichtbarer Pulsschlag

| | | ab 5 Jahren | | 2–10 Kinder |

Material: siehe Spielverlauf
Geförderte Kompetenzen: bewusstes Wahrnehmen des eigenen Pulses, Körpergefühl

Wie der Puls gefühlt wird, wissen schon viele Kinder. Aber dass man mit einem einfachen Trick den Pulsschlag auch sichtbar machen kann, wird für sie eine neue Erfahrung sein. Die Kinder erhalten ein Streichholz und eine Reißzwecke. Das Streichholz pieksen sie so auf der Reißzwecke auf, dass es senkrecht steht. Jetzt legt jedes Kind seine Hand mit dem Handrücken nach unten auf den Tisch und stellt die Reißzwecke auf die Stelle, wo es den Puls fühlen kann. Die Kinder erkennen, wie das Streichholz im Takt des Pulses vibriert.

Sichtbare Musik

| | ab 5 Jahren | 2–10 Kinder |

Material: Kleister, Erdfarben, Tapetenreste, Tesafilm, Wachsdecken, rhythmusbetonte Musik
Geförderte Kompetenzen: taktile Wahrnehmung, Fantasie, Kreativität, Konzentration, Vorstellungsvermögen, Motorik, Differenzierung von Tonlängen und Melodiebogen

Bei diesem taktilen Spiel mit Musik, Erdfarben und Tapetenkleister haben die Kinder die Möglichkeit, Musik wahrzunehmen und durch ihre Hände wiederzugeben. Die Kinder stehen in Kleingruppen um mehrere zu einem Quadrat zusammengestellte Tische herum. Zuvor hat die Pädagogin Schürzen ausgegeben, die Tische abgedeckt, große Tapetenbögen darauf festgeklebt und einen Kassettenrekorder oder CD-Player aufgestellt. Die Kinder dürfen in den vorbereiteten Tapetenkleister fassen. Wie fühlt er sich an?

Der Kassettenrekorder wird eingeschaltet. Die Kinder hören der Musik zu. Nach einer gewissen Einhörzeit wird das Gehörte durch Bewegungen auf den trockenen Blättern nachvollzogen. Jetzt wählen die Kinder ihre Lieblingsfarben. Die Kleister- und Farbverteilung wird von der Pädagogin vorgenommen. Die Musik wird wieder angestellt und die Kinder beginnen zu malen. Dabei können sie die Finger oder die beiden Hände benutzen.

Als Musiken eignen sich z. B. Béla Bartók: Klavierstücke für Kinder; Wolfgang Amadeus Mozart: Eine kleine Nachtmusik; Robert Schumann: Kinderszenen; Antonio Vivaldi: Die vier Jahreszeiten.

Variation: Es lassen sich auch vom Kassettenrekorder abgespielte Geräusche wie Regen, Donner, Sturm u. Ä. in ein Bild umsetzen.

Murmelmalerei

ab 5 Jahren   4–10 Kinder

Material: Plakafarben, Kastendeckel, Glasmurmeln, Zeichenpapier
Geförderte Kompetenzen: Motorik, Konzentration, Geschicklichkeit, Farberkennung

Für unsere Murmelmalerei legen wir ein Zeichenpapier in einen Kastendeckel, geben eine oder mehrere Farben als Klecks darauf, setzen eine Kugel ein und lassen sie rollen. In einer ersten Experimentierphase können die Kinder verschiedene Farben erproben und an unterschiedlichen Stellen einsetzen (Mitte, Seite, Ecke). In der Gestaltungsphase lautet der Spielauftrag z. B.: Gib die Farben Rot, Gelb und Blau auf dein Blatt im Kasten und lasse die Kugel (es können auch zwei sein) beliebig kreisen. Oder: Ziehe eine Farblinie am Kastenrand und lasse die Kugel immer an den gegenüberliegenden Rand prallen.

Je nachdem, wie die Kugel geführt wird, entstehen Kreise, Karos, Schraffuren oder Zickzackmuster. Beobachtung, Bewegungskoordination, Entspannung und Experimentierfreude machen den Spielwert der Murmelmalerei aus.

Raumerkundung

Material: 1 großer Schaumstoffwürfel
Geförderte Kompetenzen: grobmotorische Geschicklichkeit, Koordination, räumliches Vorstellungsvermögen, Grundbewegungsarten ausführen können

Die räumliche Orientierungsfähigkeit ist stark von visuellen Wahrnehmungen abhängig, zumal über die Augen räumliche Vorstellungen geschaffen werden. Daran beteiligt sind aber auch die weiteren koordinativen Fähigkeiten.

Spielerisch erfahren die Kinder die Ausdehnungen des Raumes, indem sie

- Sich in aufrechter Haltung fortbewegen, also gehen, laufen, hüpfen, springen, sich drehen, steigen ...,
- Sich am Boden fortbewegen durch Rutschen, Krabbeln, Kriechen, Robben, Rollen ...,
- Hände und Füße gleichzeitig und unabhängig voneinander gebrauchen,
- Das Körpergewicht verlagern, mit Gegenständen balancieren und Schwungbewegungen ausführen.

Bei allen genannten Grundbewegungsarten liefert der Muskelsinn Rückmeldung über die Lage des Körpers und stellt somit die Beziehung zum Raum und unseren Aktivitäten sowie zur Stellung im Raum her.

Als erweiterte Raumerfahrung können die dreidimensionalen Raumebenen und ihre Ausdehnung vermittelt werden. Hierfür setzt die Pädagogin einen Schaumstoffwürfel ein, mit dem die Kinder die Ebenen erfahren können. Anschließend übertragen sie die Erfahrungen in den Raum und in die Bewegung. Die Pädagogin: „Schaut euch die Flächen des Würfels genau an. Sie haben große Gemeinsamkeiten." Im Spiel versuchen die Kinder herauszufinden, welche Flächen in die gleichen Richtungen ragen. Da stehen z. B. Flächen hoch (wir sagen „senkrecht") = die Würfelseiten und die Wände des Raumes. Da liegen die Flächen („waagrecht") = die Böden, Decke und Oberseite. Die Kinder zeigen diese Flächen am Würfel und dann im Raum.

Im Rhythmus durch den Raum

Material: Handtrommel
Geförderte Kompetenzen: Rhythmusgefühl, Wahrnehmung, Konzentration, Koordination, Differenzierung

Bei diesem Spiel werden die Hände als Klatschinstrumente einge-setzt. Die Kinder gehen frei durch den Raum, dann klatscht die Pädagogin einen beliebigen Rhythmus. Zum lauten Klatschen ma-chen alle Kinder große, zum leisen Klatschen kleine Schritte. Wird langsam geklatscht, gehen die Kinder langsam, ist die Klatschfolge schnell, wird entsprechend schnell gegangen.

Variation: Bei lautem Klatschen gehen die Kinder laut aufstamp-fend durch den Raum, bei leisem Klatschen wird ganz leise (auf Zehenspitzen) gegangen.

Für das Klatschen werden die Hände oder die Handtrommel einge-setzt.

Drachenschwanzfangen

Material: 1 Tuch, Sicherheitsnadel oder Tesaband
Geförderte Kompetenzen: körperliche Gewandtheit, Reaktionsvermögen, genaues Beobachten, Schnelligkeit, Bewegungssicherheit

Wir wollen einen Riesendrachen entstehen lassen. Dafür stellen sich möglichst viele Kinder hintereinander in einer Reihe auf und umfassen die Hüfte ihres vorderen Mitspielers.

Der riesige Drachen erhält an seinem Schwanz – es ist der letzte Mitspieler – ein Tuch befestigt, das der Kopf des Drachens ergattern muss. Das lustige Fangen kann beginnen, was nicht einfach ist, denn der Drachenschwanz bewegt sich im Zickzack, immer auf kurvigen Wegen.

Über Tisch und Stuhl

Material: siehe Spielverlauf
Geförderte Kompetenzen: Rhythmusgefühl, Bewegungssicherheit, Reaktionsvermögen

Wir bauen eine Hindernisbahn auf. Dabei können wir alle zur Verfügung stehenden Geräte einsetzen: Stühle, Tische, Bänke, Kästen, Seile ... Die Kinder können die Hindernisse auf frei gewählten Wegen durchlaufen, darübersteigen oder durchkriechen.

Variation: Es wird ein Parcours für alle verbindlich festgelegt.

Musikalische Orientierung: Die Kinder bewegen sich frei zu einem mit der Handtrommel oder durch Musik vorgegebenen Laufrhythmus. Stoppt die Musik, ruft die Pädagogin Anweisungen, wie z. B.: „Alle Kinder laufen *zur* Bank (*unter* dem Tisch, Seil, Stuhl hindurch;

über die Matte).“ – „Alle Kinder stellen sich *vor* „Fritz“, *hinter* „Gabi“, *neben* „Natascha“ und *um* „Florian“ herum.“

Schwungtuchspiele

| | | ab 5 Jahren | | 10–20 Kinder |

Material: Schwungtuch bzw. Bettlaken oder Wolldecke; leichte Bälle und Luftballons; Kassettenrekorder oder Musikinstrument
Geförderte Kompetenzen: Bewegungs- und Rhythmusgefühl, Körperwahrnehmung, Konzentration, Koordination

Wir benötigen für unser Bewegungs- und Rhythmusspiel ein großes Schwungtuch. Die Kinder stellen sich gleichmäßig um das große Tuch herum und schwingen es in kurzen oder langen Wellen. Durch Musikbegleitung werden die Kinder zu neuen Bewegungsabläufen angeregt.

- Auf dem Tuch werden Bälle oder Luftballons verteilt, die vorsichtig zum Tanzen gebracht werden.
- Nur ein oder zwei Luftballons bleiben auf dem Tuch, diese werden möglichst hoch geworfen.
- Die Ballons dürfen nicht herunterfallen, wenn die Kinder rechts- oder linksherum gehen.

Variationen: Die Kinder hüpfen in eine vereinbarte Richtung und schwingen dabei das Tuch. Oder: Die Kinder bewegen sich nach einem bestimmten Rhythmus und finden dazu geeignete Laute.

Alle schwingen das Tuch hoch und setzen sich beim Herunterlassen innen auf den Rand des Tuches, sodass eine große Höhle entsteht. (Diese Übung eignet sich gut als kurze Ruhepause!)

Hüpfball

Material: mehrere große Hüpfbälle
Geförderte Kompetenzen: Körpergefühl, Bewegungssicherheit, Koordination, Geschick

Hüpfbälle erfreuen sich bei Kindern besonderer Beliebtheit. Wir benötigen drei große, mit Haltegriffen versehene Hüpfbälle. Jeweils drei Kinder haben die Aufgabe, auf ihren Hüpfballons von einer Spiellinie zur anderen um die Wette zu hüpfen.

Variationen: Die Kinder springen im Zickzackkurs. Oder: Auf halber Bahnstrecke drehen sich die Kinder einmal mit dem Ball herum. Oder: Es wird um Hindernisse herumgehüpft.

Raschelpool

Material: siehe Spielverlauf
Geförderte Kompetenzen: motorische Geschicklichkeit, Wahrnehmung (ertasten, fühlen)

Ein mit Styroporkugeln und -chips gefülltes Plastikschwimmbecken ist für die Kinder eine riesige Freude und zugleich ein intensives Tast-, Fühl- und Bewegungserlebnis.

Handabklatschen

| ab 5 Jahren | 2 Kinder |

Material: keines
Geförderte Kompetenzen: konzentrierte Wahrnehmung, Motorik, Geschicklichkeit, Reaktionsvermögen, Schnelligkeit, Spielfreude

Jeweils zwei Kinder stehen sich mit erhobenen Händen gegenüber. Sie beginnen langsam und werden nach jedem Spieldurchgang schneller. Wer verhaspelt sich zuerst?

- Die eigenen Hände werden zusammengeschlagen.
- Linke und rechte Handflächen gegen rechte und linke Handflächen des Partners schlagen.
- Die eigenen Hände wieder zusammenschlagen.
- Die rechte Handfläche schlägt gegen die rechte Handfläche des Partners.
- Wieder werden die eigenen Hände zusammengeschlagen.
- Die linke Handfläche schlägt gegen die linke Handfläche des Partners.
- Der Vorgang beginnt von neuem.

Neben dem Bewegungsspaß für die Kinder werden zugleich Rhythmus, manuelle Geschicklichkeit und Reaktionsvermögen angesprochen.

Fliegen

Material: siehe Spielverlauf
Geförderte Kompetenzen: Körperbeherrschung, Anspannung und
Entspannung der Muskeln erfahren, Wahrnehmung (Körper)

Fliegen zu können aus eigenem Antrieb und ohne Hilfsmittel ...
Diesen großen Traum der Menschheit können wir als Gefühl wenigstens für ein paar Sekunden vermitteln.

Je ein Kind stellt sich in einen offenen Türrahmen, streckt dabei
die Arme aus und drückt sie kräftig gegen die Türpfosten. Nach
etwa 30 Sekunden lässt das Kind los und tritt aus dem Türrahmen.
Die Arme werden plötzlich leicht und dem Kind ist, als würde es
schweben.

Die Pädagogin erklärt: „Während du kräftig gegen die Türpfosten gedrückt hast, wurde in den Armmuskeln eine hohe Spannung
erzeugt. Trittst du dann plötzlich aus dem Türrahmen und beseitigst damit die Ursache für die Muskelspannung, dann erscheinen
dir die Arme sehr leicht und du meinst zu fliegen."

Balancieren

Material: 1 Besen, 2 Tabletts, mit Wasser gefüllte Joghurtbecher
Geförderte Kompetenzen: Bewegungssicherheit, Körpergefühl, Wahrnehmung

Die Kinder balancieren einen Besen/eine lange Stange auf der
Handfläche über eine vorher festgelegte Strecke. Je weiter der
Schwerpunkt vom Balancepunkt entfernt ist, umso einfacher geht
es.

Variation: Auf einem Tablett balancieren die Kinder mehrere mit Wasser gefüllte Joghurtbecher über eine Hindernisstrecke. Es können auch zwei gleich ausgestattete Kinder als „Oberkellner" um die Wette balancieren.

Schwebende Tücher

ab 4 Jahren   6–10 Kinder

Material: mehrere Chiffontücher, Musik
Geförderte Kompetenzen: Bewegungskoordination, motorisches Geschick, Wahrnehmung

Zu einer beschwingten Musik werfen die Kinder aus dem Lauf heraus ihr Chiffontuch in die Luft und halten es durch Blasen noch eine Zeit lang in der Schwebe.

Spaziergang im Sitzen

ab 3 Jahren   10–20 Kinder

Material: keines
Geförderte Kompetenzen: aufmerksames Zuhören, Beobachtung, Merkfähigkeit, motorische Geschicklichkeit

Die Kinder sitzen im Stuhlkreis. Alle vollziehen die Bewegungen der Pädagogin nach. Sie schlägt die Handflächen auf die Knie (Marschtempo) und beginnt eine Geschichte vom Spaziergang zu erzählen. Dabei geht es durch hohes Gras (Handflächen werden aneinandergerieben), über eine Holzbrücke (Fäuste schlagen gegen die Brust) und gewollt wird in eine Pfütze getreten („Iih!"). Die Geschichte wird so weitererzählt, neue Bewegungen kommen hinzu. Am Schluss werden alle Bewegungen in umgekehrter Reihenfolge rasch wiederholt.

Ballonspiele

Material: Luftballons (mind. 2 pro Kind)
Geförderte Kompetenzen: motorische Geschicklichkeit, körperlich-seelische Entspannung, Kooperation, Kommunikation, Sozialverhalten

Jedes Kind erhält einen Luftballon, bläst ihn nicht zu fest auf und knotet ihn zu. Die Pädagogin hilft den Kleineren. Allein probiert jeder für sich aus, was er mit seinem Luftballon alles spielen kann. Nach kurzer Zeit wird die Experimentierphase beendet und die Pädagogin stellt verschiedene Spielaufgaben:

- Jedes Kind führt seinen Ballon mehrmals von einem Raumende zum anderen.
- Treffen zwei Kinder mit einem gleichfarbigen Ballon aufeinander, so tauschen sie diese aus.
- Bildet Gruppen aus zwei (drei, vier, sechs) Kindern, die gemeinsam mit ihren Ballons spielen.
- Zwei Kinder stellen sich Rücken an Rücken auf, klemmen sich einen Ballon zwischen die Schultern (zwischen die Stirn) und gehen von einem Raumende zum anderen.
- Wir versuchen, den Luftballon mit der Faust oder mit einzelnen Fingern in der Luft zu halten.
- Wir halten den Luftballon mit dem Kopf (mit dem Fuß, mit dem Knie) in der Luft.

Spielübungen mit dem Luftballon lassen sich an windfreien Tagen draußen auf dem Rasen durchführen.

Rücken an Rücken

ab 5 Jahren

2 Kinder

Material: keines
Geförderte Kompetenzen: Bewegungskoordination, Kooperation, motorisches Geschick

Je zwei Kinder sitzen Rücken an Rücken auf dem Boden. Die Arme sind eingehakt. Dann ziehen sie die Knie an und stehen gemeinsam auf, indem sie die Rücken fest aneinanderpressen. Jetzt wird ein Spieler hinzugeholt und das Ganze zu dritt versucht. Immer mehr Spieler werden hinzugeholt.
Wie vielen Kindern gelingt es, gemeinsam aufzustehen?

Labyrinth

ab 4 Jahren

12–20 Kinder

Material: keines
Geförderte Kompetenzen: aufmerksame Wahrnehmung, Reaktion, Schnelligkeit, körperliches Geschick, Kooperation

Die Kinder – bis auf zwei – stehen in mehreren Reihen hintereinander, die Arme ausgestreckt und sich an den Händen haltend. Zwei ausgewählte Kinder, Jäger und Gejagter, eilen durch die Gassen. Auf Kommando der Pädagogin „Rechtsum!" – „Linksum" drehen sich die in den Reihen stehenden Kinder, fassen sich sofort wieder an den Händen und erschweren so den Läufern, vorwärtszukommen. Durch kluge Kommandos kann die Pädagogin den Gejagten vor dem Jäger schützen. Dieses Spiel ist besonders gut auf einer großen Rasenfläche durchführbar und bereitet allen viel Spaß.

Rhythmusspringen

Material: 1 Ball
Geförderte Kompetenzen: Rhythmusgefühl, Wahrnehmung, motorische Geschicklichkeit

Zwei Kinder spielen im Turnraum oder im Freien mit einem Ball. Ein Kind prellt den Ball in verschiedenen Rhythmen, das andere versucht, genauso zu hüpfen, wie der Ball prellt, d. h., es springt im gleichen Rhythmus hoch wie der Ball.

Knoten entwirren

Material: keines
Geförderte Kompetenzen: Wahrnehmung, motorisches Geschick, Kooperation, Koordination, logisches Denken

Bei diesem Spiel bilden die Kinder einen Stehkreis und geben einander die Hand. Die Pädagogin macht auch mit und lässt einen scheinbar unentwirrbaren Knoten entstehen. Die Hände dürfen dabei nicht losgelassen werden. Durch Darübersteigen und Durchschlüpfen, mit etwas Geschick und Gelenkigkeit löst sich der Knoten wieder in einen Kreis auf.

Objektspiele

		ab 4 Jahren		10–20 Kinder

Material: siehe Spielverlauf
Geförderte Kompetenzen: fein- und grobmotorische Geschicklichkeit, Kooperation, Koordination, aufmerksames Beobachten, soziales miteinander Umgehen

- Ein Geldstück gleitet von Finger zu Finger, ohne dass es herunterfällt.
- Einen Stock zwischen die Knie klemmen, damit durch den Gruppenraum gehen und ihn einem beliebigen Mitspieler zwischen die Knie stecken, ohne dass er herunterfällt.
- Ein Turm aus übereinandergestapelten, leeren Blechdosen wird weitergereicht, ohne dass er zusammenfällt. Stützen und Halten mit den Händen ist nicht erlaubt.
- Einen Tischtennisball von dem rechten Handrücken auf den linken balancieren und an einen anderen Spieler weitergeben.
- Ein Ring geht von Strohhalm (mit den Zähnen gehalten) zu Strohhalm.
- Mit dem Strohhalm wird ein Stück Papier angesaugt und weitergegeben.
- Eine Streichholzschachtel geht von Nase zu Nase.
- Wir geben einen Ball von Löffel zu Löffel weiter.
- Glasperlen (Tischtennisbälle, Knöpfe u. Ä.) werden von Teller zu Teller weitergegeben.
- Mit verbundenen Augen eine Kette auffädeln (einen Baukasten einpacken).
- Eine Zeitungsseite (oder eine ganze Zeitung) muss mit den Füßen (barfuß) zerrissen werden. Die Fetzen sind mit den Füßen wieder aufzuheben und in einen Papierkorb zu befördern.
- Mit Streichhölzern (Zahnstochern/Mikadostäbchen) einen Turm bauen. Jedes Kind baut einen quadratischen Turm.
- Luftballons werden zwischen den Beinen (mit den Füßen) weitergegeben.

- Ein meterlanger Faden muss über zwei Finger gewickelt werden. Das nächste Kind muss ihn abspulen, indem es ihn auf seine Finger spult.
- Zwei Gefäße, eins mit Wasser gefüllt, das andere leer, werden weitergegeben. Ohne ein Tröpfchen zu verschütten, muss jeder das Wasser umgießen und die Gefäße weitergeben.

Mit Fuß und Becher

| | | ab 5 Jahren | | 4–10 Kinder |

Material: je Kind 1 Pappbecher und 1 Pappteller
Geförderte Kompetenzen: motorische Geschicklichkeit, Koordination, Wahrnehmung

Die Pädagogin stellt die Pappteller in einer Reihe nebeneinander. Etwa zwei Meter von den Papptellern entfernt, stellen sich die Kinder ebenfalls in eine Reihe, möglichst nicht zu dicht, nebeneinander. Jetzt erhält jedes Kind einen Pappbecher. Es muss versuchen, den Becher auf einem Fuß zum Teller zu balancieren und ihn langsam, ohne die Hände zu benutzen, auf den Teller zu legen. Je nach Geschicklichkeit der Kinder verringern oder vergrößern wir den Abstand und erlauben, die Schuhe auszuziehen.

Buchbalance

| | | ab 4 Jahren | | 2–10 Kinder |

Material: ausrangierte Bücher, Musik
Geförderte Kompetenzen: Bewegungssicherheit, Wahrnehmung

Die Kinder legen sich ein Buch auf den Kopf und gehen damit vorsichtig im Raum umher, während eine Musik spielt. Verstummt die

Musik, strecken die Kinder beide Arme aus und versuchen mit einem Knie, den Boden zu berühren. Wem dabei das Buch vom Kopf rutscht, scheidet aus. Die anderen stehen bei Beginn der Musik wieder auf und balancieren das Buch von neuem. Wer behält sein Buch bis zuletzt auf dem Kopf?

Schneller Teller

| | ab 5 Jahren | 6–12 Kinder |

Material: 1 Plastikteller, 1 Trommel
Geförderte Kompetenzen: Zeitordnungen wahrnehmen, beobachten können, Reaktionsfähigkeit

Bei diesem Spiel nimmt das Kind Zeitordnungen wahr (langsam – schnell – langsam – kurz – lang).

Die Kinder sitzen im Stuhlkreis. Sie beobachten einen von der Pädagogin gedrehten Teller. Zuerst beginnt er sich leise zu drehen, wird dann beim Fallen immer schneller und lauter.

Der dynamische Ablauf wird von den Kindern mit Klatschen begleitet. Eine Trommel kann auch eingesetzt werden. Der Reihe nach darf jedes Kind den Teller einmal drehen.

Variationen: Die Drehbewegungen des Tellers werden durch Klopfen oder Trampeln oder mithilfe einer Trommel begleitet. Statt des Tellers kann ein Reifen gedreht werden.

Ballonartisten

Material: kurze Stöcke (Gymnastikstöcke) und Luftballons
Geförderte Kompetenzen: Motorik, Geschicklichkeit, Körpergefühl entwickeln

Die Kinder erhalten kurze Stöcke. Sie spielen sich nacheinander Ballons so zu, dass sie nicht auf dem Boden landen.

Variation: Die Kinder halten ihren Luftballon mit dem Kopf (mit dem Fuß, mit dem Knie) in der Luft und gehen um Hindernisse herum.

Turmbauer

Material: 1 Kiste mit Holzbausteinen
Geförderte Kompetenzen: Motorik, manuelle Geschicklichkeit

Wir bauen mit Bausteinen einen hohen Turm. Jedes Kind kommt einmal an die Reihe. Bei wem fällt der Turm um? Wer schafft es noch höher? Als reizvolle Variation können zwei gleich große Kinder um die Wette den höchsten Turm bauen.

Knüllball-Balance

Material: Zeitungen
Geförderte Kompetenzen: motorische Geschicklichkeit, Körperwahrnehmung

Die Kinder erhalten ein Zeitungsblatt, das zu einer Kugel zusammengeknüllt wird. Der „Zeitungsknüllball" soll jetzt auf dem Handrücken (auf dem Kopf, den Schultern, dem rechten Fuß) durch den Raum getragen werden.

Propeller

Material: keines
Geförderte Kompetenzen: Konzentration, Körperwahrnehmung, Differenzierung

Die Kinder stehen im (Turn-)Raum verteilt, ohne sich gegenseitig zu behindern. Welches Kind kann mit dem rechten Arm genauso schnell kreisen wie mit dem linken? Welches Kind kann gleichzeitig noch spazieren geheoder sogar hüpfen? Bei diesem Spiel muss sich das Kind stark konzentrieren, um seine Bewegungen differenziert auszuführen.

Kreisender Holzreifen

| | | ab 5 Jahren | | 6–12 Kinder |

Material: Holzreifen, Bälle, eventuell Luftballons
Geförderte Kompetenzen: Wahrnehmung, Koordination, motorische
Geschicklichkeit, Konzentration

Wir spielen im Turnraum oder im Freien. Jeweils zwei bis drei Kinder erhalten zusammen einen großen Holzreifen. Der Reifen wird angedreht und die Kleingruppe läuft, mit den Bällen (je nach Geschick) am Fuß führend, rollend oder dribbelnd, um den Reifen herum. Dabei müssen die drei Kinder immer dafür sorgen, dass der Reifen in Bewegung bleibt. Der Schwierigkeitsgrad erhöht sich, indem z. B. gleichzeitig versucht wird, einen Luftballon in der Luft zu halten.

Ballspiele

| | | ab 4 Jahren | | ab 1 Kind |

Material: mehrere Tennis- und Wurfbälle
Geförderte Kompetenzen: Konzentration, manuelle Geschicklichkeit,
Koordination, Wahrnehmung, Schnelligkeit, Bewegungssicherheit,
Reaktionsvermögen

Spaß, Konzentration und Orientierungsfähigkeit stehen bei unserem kleinen Jonglierwettbewerb im Mittelpunkt.

Um sich gewandt zu bewegen, sind koordinative Einzelfähigkeiten notwendig. Je besser die koordinativen Fähigkeiten eingesetzt werden können, umso genauer, effektiver und ökonomischer kann die Bewegung gesteuert und ausgeführt werden.

- Wer kann den hochgeworfenen Ball mit nur einer Hand fangen?
- Welches Kind kann zwei Bälle gleichzeitig jonglieren?
- Wer kann zwei Bälle nacheinander hochwerfen und wieder auffangen?
- Wer kann einen Ball (zwei Bälle) hochwerfen und vor dem Auffangen eine halbe oder sogar ganze Drehung ausführen?
- Welches Kind kann einen Ball um verschiedene Hindernisse herumrollen oder pusten?

Eine freie Wand ist manchmal Partnerersatz. Der an die Wand geworfene Ball kommt schnell zurück. Es gibt eine Reihe spielerischer Übungen beziehungsweise „Ballproben", die natürlich nicht nur allein, sondern mit einem Partner oder zu mehreren durchgespielt werden. Die Kinder wechseln sich dann jeweils ab.

Beispiele:

- Den Ball mit beiden Händen oder mit einer Hand an die Wand werfen, ihn dann auf den Boden aufprellen lassen und wieder auffangen.
- Den Ball mit der rechten Hand werfen und ihn nur mit der rechten Hand fangen.
- Den Ball mit der linken Hand werfen und ihn mit der linken Hand fangen.
- Den Ball mit beiden Händen werfen, in die Hände klatschen und den Ball mit beiden Händen fangen.
- Der Ball wird mit beiden Händen hinter dem Rücken gehalten und von da aus an die Wand geworfen und wieder gefangen.
- Mit der Faust, dem Unterarm, dem Kopf oder dem Knie wird der Ball ein oder mehrere Male gegen die Wand gestoßen.
- Den Ball unter dem rechten Knie hindurchwerfen, ihn mit der linken Hand fangen.
- Den Ball mit der linken Hand unter dem linken Knie hervorwerfen und ihn mit der rechten Hand fangen.
- Zuerst wird der Ball auf den Boden geprellt, dann soll er die Wand berühren, dann aufgefangen werden.

Wir entspannen

	 ab 4 Jahren	 10–20 Kinder

Material: siehe Spielverlauf
Geförderte Kompetenzen: Körperwahrnehmung, Erleben von Anspannung und Entspannung

Spannung und Entspannung sollen sich im Kindergartenalltag abwechseln.

- Die Kinder führen Bewegungen mit Unterbrechungen aus, z. B. gehen sie auf Zeichen, bleiben stehen, hocken sich hin, liegen, laufen ganz leise, stehen auf Zehen, ohne zu wackeln u. a.

- Vom Riesen zum Zwerg und umgekehrt: vom Hochzehenstand langsam zum Hockstand „kleiner werden", dann vom Hockstand langsam wieder „hochwachsen".
- Die Kinder fallen vom hochgestreckten Stand entspannt in den Hockstand.
- Ohne anzustoßen, wird leise zwischen Keulen, Reifen und Stühlen durchgegangen und -gelaufen.
- Nach Rhythmusvorgabe findet beim Gehen ein Wechsel von schnellen und langsamen Schritten statt.
- Die Kinder versuchen auf einen gemeinsamen Rhythmus zu kommen (langsame Schritte).
- Die Kinder balancieren auf aufgezeichneten Linien (z. B. Kreis, Schnecken- oder Schlangenform), auch auf liegenden Seilen, Holzreifen oder auf dem Schwebebalken.
- Bei langsamem Vorwärtsgehen werden Gegenstände auf dem Kopf balanciert.
- Die Gruppe teilt sich in Paare auf. Ein Kind hat die Augen geschlossen, das andere Kind führt. Nach einiger Zeit werden die Rollen gewechselt.

Die Übungen lassen sich nach Bedarf und Situation beliebig variieren.

Fallende Tücher

| | | ab 4 Jahren | 2 – 10 Kinder |

Material: Tücher (oder Papierblätter)
Geförderte Kompetenzen: Entspannen, beobachten können, Beruhigung

Für dieses beruhigende Spiel liegen Tücher im Raum verteilt, die einzeln von den Kindern hochgeworfen werden. Das Fallen beobachten die Kinder ruhig, bevor sie zu einem anderen Tuch gehen und das Spiel wiederholen.

Nach einigen Versuchen ahmen die Kinder die Bewegungen der zu Boden fallenden Tücher nach (z. B. durch Hochspringen und langsames Zu-Boden-Gleiten).

Schwingen und schaukeln

Material: siehe Spielverlauf
Geförderte Kompetenzen: Entspannung, positives Körpergefühl entwickeln können, Motorik

Schaukelnde und schwingende Geräte sind für Kinder von hohem Aufforderungscharakter. Sofern keine Schaukel und Wippe vorhanden sind, können wir im Turnraum mit geringem Aufwand schnell einige „Geräte" konstruieren, mit deren Hilfe sich die Kinder entspannen können:

- Ein fest angebundenes Schwungtuch oder eine Hängematte sind eine gute Rückzugsmöglichkeit für die Kinder.
- Eine Matte rollen wir in zwei oder drei Reifen. Die Kinder können darin schaukeln oder rollen.
- Eine Matte wird auf einen LKW-Schlauch gelegt. Ein Kind kann sich darauf bewegen oder von einem Spielpartner bewegt werden.

Körperreise

Material: Decken/Turnmatten
Geförderte Kompetenzen: Entspannung, Fantasie, Konzentration

Die Kinder liegen ruhig und entspannt auf einer Unterlage auf dem Rücken.

Es werden kurze Fantasiereisen durch den Körper unternommen. Dabei nennt die Pädagogin den Kindern einen Körperteil, auf den sie sich konzentrieren sollen.

Einige Beispiele:

- Atmet ruhig aus und ein.
- Hebt die Arme und lasst sie entspannt auf den Bauch fallen.
- Streckt die Beine hoch, lasst dann die Unterschenkel entspannt fallen (in den Knien dabei einknicken). Es findet ein mehrfacher Wechsel von Strecken und Entspannen statt.
- (Die Kinder liegen auf dem Bauch.) Streckt die Arme und Beine entspannt von euch.
- Legt euch auf die Seite mit entspannten Armen und Beinen. Rollt von einer Seitenlage in die andere ...

Die Übung lässt sich beliebig erweitern und variieren.

Zittermühle

Material: keines
Geförderte Kompetenzen: Lebensfreude, Körpergefühl (Gleichgewicht)

Sommeranfang, Sonne, Übermut. Die „Zittermühle" ist ein schönes klassisches Kinderspiel für jeweils zwei gleich große Kinder. Sie fassen mit ausgestreckten Armen die Hände über Kreuz, stellen die Fußspitzen dicht zusammen, lehnen sich zurück – so weit die Arme es erlauben – und schwingen sich schnell und immer schneller werdend herum. Beim Drehen trippeln die Kinder schnell mit ihren Füßen. Dabei sprechen sie z. B. „Die Mühle geht langsam, die Mühle geht schnell und immer schneller, schneller, schneller … „Irgendwann purzeln beide ins Gras.

Spielmittel und Medien zur Wahrnehmungsförderung

Die folgenden Stichworte verstehen sich als Impulse für den Einsatz von Spielmitteln, Materialien und Medien zur gezielten Wahrnehmungsförderung in Kindergarten und Grundschule. Bei der alphabetischen Auflistung, die keinen Anspruch auf Vollständigkeit stellt, sind sowohl Materialien für intensive Seh- und Hörreize berücksichtigt als auch Mittel zur Förderung des Geruchs-, Temperatur- und Wärmesinns sowie Tast- und Muskelsinns aufgeführt. Wenn nicht schon in Ihrer Einrichtung vorhanden, bieten nahezu alle namhaften Spiel- und Lernmittel-Vertriebsgesellschaften die nachstehenden Spiel- und Arbeitsmittel an. Eine Reihe von Materialien lässt sich auch gemeinsam mit den Kindern anfertigen.

A
Allgemeines Zeichenlotto
Angelspiele
Anziehpuppen
Aquarellfarben
Arbeitsblätter mit speziellen optischen Wahrnehmungsaufgaben
Arbeitsplatzlotto
Aufschnürperlen
Augenwürfel
Autos

B
Bälle
Balanciergeräte
Bastelbücher
Baubecher
Baudosen
Baufix
Baukästen
Bausätze
Bausteine

Biegekette
Biegestab
Bilder-Abc
Bilderlotto
Bildtafeln
Blumen (in allen Varianten und Duftnoten)
Bücher
Bunte Ballons
Buntstifte

C
CDs mit Musik und Geräuschen
Color Domino

D
Deckfarben
Diareihen
Differenzierungsbrett
Dominopuzzles
Drehrassel
Drehstab

Dreiklang
Druckkästen
Durchsteckleiste

E
Einkaufsspiel
Einlegebretter
Einlegepuzzles
Einsteckkasten
Eisenbahnen und Zubehör
Endlospuzzle
Experimentierlupen

F
Fädelfiguren
Fädelperlen
Fädelspiele
Fahrzeugdomino
Fahrzeuge (Roller, Tretauto)
Farbendomino
Farben und Formen
Farben- und Formwürfel
Farbscheiben
Farbtafeln
Feinmotorischer Übungssatz
Felltiere (bzw. Plüschtiere)
Figurensatz
Fingerspielfiguren
Fingertipp
Formenbretter
Formenspiele
Fotoapparate (einfache Ausführung)
Fröbel-Pyramide
Frotteeball
Frotteewürfel
Frühförderungskoffer

G
Gartendomino
Gartengelände (für Seh-, Riech-,
    Schmeck- und Tasterlebnisse)
Gehörschulung
Geometrische Formen

Geräuschdosen (mit Kindern selbst
    herstellen)
Gesellschaftsspiele
Gewichteset
Glasmurmeln
Glockenrassel
Glöckchenkette
Greifautos
Greifbälle
Größenformen
Großbauelemente
Großer Irrgarten
Gummiringe
Gymnastikbälle
Gymnastikgeräte

H
Haarbürste
Häuserbausteine
Handspielfiguren
Handtrommeln
Holzbauelemente
Holzfiguren
Holzkonstruktionsbausätze
Holzperlen
Holzpuzzles
Holztiere
Hüpfbälle

I/J
Instrumente (z. B. orffsches Instru-
    mentarium oder zusammen mit
    den Kindern selbst gefertigte Ge-
    räuschquellen und -instrumente)
Jahreszeitenpuzzle
Jojos

K
Kartenspiele
Kasperlepuppen
Kasperletheater
Kasse
Kassetten
Kassettenrekorder

Kegelspiel
Klappern
Kleines Schlagwerk
Kleinfahrzeuge
Kletterclown
Klingende Stäbe
Knobellatte
Konstruktionsbauspiele
Kreisel
Kubus und Scheiben
Kugelbahnen
Kugeln

L
Labyrinthe
Legemosaik
Legeringe
Legestäbe
Lego
Leiterspiel
Leselernspiele
Lesetrainer
Liederbücher
Linolschnittfarbe
Logopädische Arbeitsmappen
Lottos
Lupen

M
Märchenbücher
Märchenkassetten oder -CDs
Magnetkonstruktionsspiele
Magnettafeln mit entsprechenden
    Magnetarbeitsmitteln
Malkittel
Maltafeln
Malutensilien
Materialschalen
Maxipuzzles
Memorys®
Mengenbilderlotto
Mengendomino
Mengenspiele
Mengenuhr

Mensch ärgere dich nicht
Metallophone
Montessori-Material
Mosaikspiele
Motorikkoffer
Muggelsteine
Murmeln
Musikspielwerk

N
Nachziehspielzeug
Nähmaschine
Nagelmaterial
Naturmaterialien (in allen Varian-
    ten)
Noppenbälle
Nopper

O
Orff-Instrumentarium

P
Packeselspiel
Pauken
Perlen
Plakafarbe
Plüschbälle
Plüschtiere
Puppen und Zubehör

Q
Quaderbaukästen
Quartette
Quietschbälle
Quizdias

R
Rasseln
Rechenmaterial
Reifen
Reversispiel
Rhythmikinstrumente
Rhythmikkoffer
Richtungspfeile-Lotto

Riechdosen
Riesenpuzzles
Roller

S
Sandpapierzahlen
Sandsäckchen
Sandspielzeug
Sandtisch
Schablonen
Schallplatten (soweit noch vorhanden)
Schaukelpferd
Schaumgummi in verschiedenen Größen
Scheren
Schlag- und Kopfspiele
Schreibmaschine (möglichst eine robuste, manuelle Maschine)
Schubkarren
Schulgarten (für Sinneswahrnehmungen jeglicher Art)
Schwereblock
Signalwörterlotto
Sortierspiele
Sortierwalzen
Spielgeld
Spielhaus
Spielkisten (z. B. große Umzugkartons)
Spielspiegel
Spielzelt
Springseile
Steckenpferde
Steckrosetten
Steckspiele
Stempelkasten
Stopselhölzer (Kork)

T
Tafel
Tamburin
Tastmaterial
Temperafarben

Thermometer
Tierdominos und -lottos
Tierpuzzles
Trampolin
Trinkbecher
Trommeln
Turngeräte und -materialien

V
Verkehrskiste
Verkehrszeichenlotto

W
Waagen (eventuell verschiedene Ausführungen)
Wachsmalstifte
Wackelclown
Wahrnehmungsliteratur (zur eigenen Weiterbildung)
Walzensteckspiel
Webrahmen
Wer kennt die Uhr?
Windräder
Winkelbausteine
Wörter sprechen, Laute hören (Sprachförderung)
Würfel und Würfelbecher
Würfelpyramide
Wurfbälle
Wurfringe
Wurfspiele

Z
Zahlendomino
Zahlenlotto
Zahnradspiel
Zauberkasten
Zauberschnur
Ziegelbausteine
Ziehtau
Zirkusutensilien (Verkleidungskiste mit Perücken, Zauberstäben, Zahnradspiel, Schminke u. Ä.)
Zylinderblöcke

Spielzeuge bzw. Mittel oder Medien zum Spielen können alles sein, womit sich das Kind in sein Spiel vertieft. So kann es z. B. mit Naturmaterialien wie Steinen, Baumrinde, Zweigen und Sand, mit zweckentfremdeten Haushaltsgegenständen und Verpackungsmaterial ausdauernd und konzentriert spielen und eine Fülle von Wahrnehmungsreizen aufnehmen und verarbeiten. Um dem in der Regel sehr fantasievollen Vorschul- und Grundschulkind gerecht zu werden, sollten wir ihm immer wieder Materialangebote machen, die genügend Raum zur Interpretation und Veränderung lassen.

Literatur

Ayres, A. J. (2008): Bausteine der kindlichen Entwicklung. Die Bedeutung der Integration der Sinne für die Entwicklung des Kindes. Berlin/Heidelberg: Springer

Baum, Heike (2002): Starke Kinder haben's leichter. Freiburg: Herder

Brandt, P./Thiesen, P. (1999): Umwelt spielend entdecken. Weinheim und Basel: Beltz

Dreier, A. (2010): Was tut der Wind, wenn er nicht weht? Begegnung mit der Kleinkindpädagogik in Reggio Emilia. Berlin: Cornelsen Scriptor

Ellermann, W. (2007): Bildungsarbeit im Kindergarten erfolgreich planen. Berlin: Cornelsen Scriptor

Evers, M. (Hrsg. Thiesen, P.) (1994): Das Spielgruppenbuch. Weinheim: Beltz

Kiphard, E. J. (1995): Mototherapie Teil I. Dortmund: verlag modernes lernen

Kiphard, E. J. (1994): Mototherapie Teil II: Dortmund: verlag modernes lernen

Klampf-Lehmann, I. (1991): Der Schlüssel zum besseren Gedächtnis. Wie das Gedächtnis arbeitet und wie Sie es gezielt verbessern können. Köln: Delphin

Kohnstamm, R. (2006): Praktische Kinderpsychologie. Die ersten 7 Jahre. Eine Einführung für Eltern, Erzieher und Lehrer. Bern/Stuttgart: Huber

Krech, D./Crutchfield, R. S. (Hrsg.) (1985): Grundlagen der Psychologie. Bd. 2: Wahrnehmungspsychologie. Weinheim: Beltz

Krempien, C. (Hrsg. Thiesen, P.) (2004): 50 bildnerische Techniken. Ein Arbeitsbuch für Kindergarten, Hort und Grundschule. Berlin: Cornelsen Scriptor

Legewie, H./Ehlers, W. (1992): Knaurs moderne Psychologie. München: Droemer Knaur

Murch, G. M./Woodworth, G. L. (1992): Wahrnehmung. Stuttgart: Kohlhammer

Pauli, S./Kisch, A. (2002): Was ist los mit meinem Kind? Bewegungsauffälligkeiten bei Kindern. Freiburg: Urania

Pfeffer, Simone (2007): Emotionales Lernen. Ein Praxisbuch für den Kindergarten. Berlin: Cornelsen Scriptor

Rosenkötter, H. (2010): Neuropädagogik der Wahrnehmung und Motorik. Stuttgart: Kohlhammer

Springer, S./Deutsch, G. (1987): Linkes Gehirn – rechtes Gehirn. Funktionelle Asymmetrien. Heidelberg: Spektrum

Thiesen, P. (2011): Das Montagsbuch. Ein Arbeitsbuch zur Überwindung des „Montagssyndroms" in Kindergarten, Hort und Grundschule. Weinheim: Beltz

Thiesen, P. (2010): Die gezielte Beschäftigung im Kindergarten. Vorbereiten – Durchführen – Auswerten. Freiburg: Lambertus

Thiesen, P. (2009): Arbeitsbuch Spiel. Für Kindergarten, Hort, Heim und Kindergruppe. Köln: Bildungsverlag EINS

Thiesen, P. (1999): Kartonwelten, Kuhkunst und Klangtunnel. Kreative Spiele für die Arbeit mit Kindern, Jugendlichen und Erwachsenen. Weinheim: Beltz

Spieleverzeichnis

Akustischer Zeitungszauber   119
Alle Kinder mit Sommerspros-
   sen   60
Alles schaut zum Dirigenten   61
Armtick   139
Auf leisen Sohlen   99
Aus dem Koffer   148

Balancieren   165
Ballonartisten   173
Ballon mit Ohren   114
Ballonspiele   167
Ballspiele   175
Baumkontakte   156
Baumtelefon   109
Bausteinsuche   52
Beobachtungstour im Wald   57
Bewegungssinn (kinästhetisches
   System)   132
Bildausschnitte   56
Bilderbücher und Wahrnehmungs-
   förderung   88
Bilder-Kim   87
Blick in den Spiegel   56
Blinder Kurier   102
Blinder Spaziergang   134
Buchbalance   171

City-Riechtour   125

Das Sachensucherspiel   68
Der große Schmecktest   128
Die Hälfte vom Ganzen   49
Dinge wechseln ihren Platz   59
Dirigentenspiel   107
Domino   71
Doppelt gebeutelt   146
Dosenjagd   118
Drachenschwanzfangen   161

Einauge   78
Eine nasse Geschichte   149
Entdeckerspiel   46
Erriechen und Erschmecken   126
Esspantomime   54

Fallende Tücher   178
Farbenjagd   82
Farbige Klangbilder   105
Fliegen   165
Flüssigkeiten erfühlen   154
Flüssigkeiten riechen   123
Flüsterkreis   113
Fotosafari   84
Fühlparcours   144
Fummelkiste   138
Füßeln   149

Geflüsterte Namen   93
Gefühlvolle Füße   143
Gegenstände mit H   86
Gegenstände unterscheiden   81
Geräusche hinter der Wand   100
Geräusche vom Band   108
Geruchsgalerie   123
Gesichtsausdrücke   50
Griffige Zahlen   136
Gruppengeflüster   109
Gut beobachtet   64

Handabklatschen   164
Hände drücken   146
Hände erkennen   65
Hände hoch!   145
Handkontakte   133
Haushaltstast-Kim   137
Heiß, kalt   70
Hell und dunkel   62
Hier stimmt was nicht   68

Hoch und tief   110
Hör den Rhythmus!   115
Hüpfball   163

Ich schicke eine SMS   147
Ich sehe was, was du nicht
    siehst   48
Im Rhythmus durch den Raum   160
Im Schuhladen   57

Jogurtbechermemory   78

Kartonversteck   53
Klänge hinter meinem Rücken   95
Knoten entwirren   169
Knüllball-Balance   174
Körperbilder   60
Körperreise   180
Kräuter- und Gewürztest   124
Kreisender Holzreifen   175
Küchen-Bigband   120

Labyrinth   168
Liederpotpourri   103
Lückenpantomime   48

Mal mal!   150
Mäntel raten   65
Mein Gesicht   151
Melodische Tore   112
Memory aus Geschenkpapier   79
Mit Fuß und Becher   171
Mit Geräuschen durchs Gelän-
    de   111
Mit Taktgefühl   120
Mondgesicht   54
Motivsuche im Freien   81
Murmelmalerei   158
Museumsspiel   63
Musikalische Suche   94
Musik aus dem Küchenschrank   95
Musik von der Stange   100
Muskelspiele   153

Nachempfinden   152
Natascha trägt Susannes Brille   84
Natur-Kim   140
Natur-Riechquiz   124
Nervensäge   104

Oberaffe   72
Objektspiele   170
Orchesterwerkstatt   97
Orgelpfeifen   102

Paarsuche im Katalog   59
Paradiesvogel   147
Pfeifensuche   118
Platzwechsel   46
Propeller   174
Pssst ... ganz leise!   93
Pulsschlagmusik   103
Pünktchen und Anton   79

Raschelpool   163
Raumerkundung   159
Raumklänge und Geräuschwel-
    len   92
Regenwetter   114
Reisebericht   111
Rekorderspiele   116
Rhythmusspringen   169
Rücken an Rücken   168
Ruhe   113
Rund um die Uhr   86

Schattenraten   87
Schatzsuche   55
Schneller Teller   172
Schnellzeichner   69
Schnupperreise   127
Schnurtasten   137
Schultertest   140
Schwebende Tücher   166
Schwingen und schaukeln   179
Schwungtuchspiele   162
Sensible Hände   152
Sichtbare Musik   157

Sichtbarer Pulsschlag   156
Sichtbare Töne   106
Sortieren   55
Spaziergang im Sitzen   166
Spiegelbilder   47
Spuren im Schnee   80
Spurenleger   80
Stille Umkreisung   112
Stimmen erleben   115
Sträuße und Duftbeutel   126
Strukturen und Formen   142
Stumme Nachrichten   144
Suche mit Musik   101
Süß, sauer, salzig, bitter   128

Tastleiste   138
Tastplatten-Mix   139
Tastsack   136
Tastsinn (taktiles System)   131
Tasttheke   135
Tastturnier   141
Telefonitis mit Dosen   108
Tierpaare   49
„Tonräume" darstellen   96
Turmbauer   173

Über Tisch und Stuhl   161
Unglaubliche Gebilde   73
Unsichtbare Gegenstände   72

Veränderungen in Wald und
      Gelände   71
Veränderungen von Geister-
      hand   53
Verrückter Frühstückstisch   52
Versteckter Wecker   94

Waldgeräusche   110
Wald-Memory   82
Was bin ich?   67
Waschtag   83
Was hat sich verändert?   70
Was liegt auf deiner Hand?   135
Wasserhörspiel   104

Wasserklänge   97
Wassertastfüße   143
Was steckt unterm Tuch?   45
Was wurde weggenommen?   51
Welche Karte fehlt?   83
Wenn-dann-Memory®   63
Wer ist der Schatten?   51
Wer nicht fühlt, der hört   142
Wer steckt unter dem Laken?   58
Wie heißt das Lied?   101
Wie heißt mein Nachbar?   117
Wiesenerlebnisse   67
Wir entspannen   177
Wir tun so, als ob ...   66
Wo sind meine Schuhe?   155

Zeichnen nach Gehör   106
Zittermühle   181
Zublinzeln   77